慕容前輩的水路拳法

老衲作品集②

前言

老衲自幼闖蕩江湖，人稱惡人谷小魚兒與移花宮花無缺的合體，識得不少稀奇古怪的奇人異士，無奈武行一道，知者甚稀，許多精彩倜儻的人物，一般小老百姓所知甚少，老衲閒時將這些人物一一寫將出來，有佩服，有崇拜，有知己，有萍水相逢，也有千里神交，本來想各個點名，各寫一篇，後來遇到北方神術傳人道：老衲你想當作家，那就別寫散文，多寫大長篇，故事，才是一個作家的底氣。老衲一聽腦袋一拍，說道極是極是，不過回首來時路，已寫了不少，收集起來看看，權充一樂。

又記：這本書獻給緬甸的二哥，時值緬甸政局劇變，不論最後如何，希望和平能永遠降臨在這個美麗的國度。

目次

散文部

小說部

散文部

冥誕遙祭李小龍

李小龍是一個很妙的人，幾乎所有在真實格鬥行業中的職業實幹者都在崇拜他（名單就不列了），但是幾乎所有不在第一線的泛武術業餘愛好者，對他都有或大或小的批評。

這件事究竟是咋回事兒呢？老衲是這樣看的：第一，李小龍的確沒有非常出色的戰績，包含擂台上或是擂台下，雖然有人說他擂台下幹倒很多人，但那多屬於友好性的切磋試手，不太能列入正式戰績，而擂台上就更不用說了，小龍的年代正式的全開放性對打比賽少之又少，而且李小龍當年的拳論，是完全反對任何有規則性的搏擊比賽的。

沒有可供查驗的「戰績」，讓很多人批評他並非實戰武道家，連著名小說家倪匡也是這樣看的，他老人家儘管打了小龍三拳，如中鐵板，但仍然只認為小龍是武術表演專家，並非真正的武道家。

可是，其實一個武道家並非只能用戰績來證明自己，如同嘉納治五郎本身好像也並沒有參加過任何柔道比賽一樣；李小龍的成功之處，是在身為一個武者，而提出了兩項獨特的武學理論。

李小龍第一項獨特的拳論，即是現在的MMA概念，他認為各種武術應該要融合在一起的，不能切割，這個理論後來被一個美國人所實現了，Danna White，即是現在的UFC比賽。

不過很多人認為MMA的理論是一項超時代的創舉，老衲卻有點小意見，因為傳統武術早就說了「踢打摔拿」，本來就是一項融合性的東西，李小龍提出未必是史上獨創，但他演繹得最好，影響最大，的確當記首功。

小龍第二項非常獨特的拳論，就是「武者如水」（martial artist is like water）的概念，這項理念雖然也有人說過，可真沒他說得那麼好，再配合電視訪問時那音調的高低起伏，與臉上的瀟灑神采，幾乎以一人之力，讓「功夫kung fu」一詞收入大英辭典，實是我中華漢族之光榮。

憑此二點拳論，老衲個人以為不管他實際上個人的打鬥功夫練得如何，都足以讓李小龍足夠資格列入世界武術史的武道家列傳中，且可記上濃墨重彩的一筆！

今天正好是李小龍七十九歲的冥誕（按：本文寫於二〇一九年十一月二十七日），若他今天仍活著，想必是一個截然不同的溫馨胖老大爺吧？昔人已去，數風流，還看今朝啊！

人生如電影的劉雲樵

昨天有個人說老衲是「文武雙全」，這個得特別聲明，在中國古代的傳統裏，文武雙全是一個很高的評價，老衲萬萬不敢當，在歷史上，文武雙全的人是有的，如岳飛，如李白，如戚繼光，如唐順之，或如錦毛鼠白玉堂，或如飛刀探花李尋歡，近代當然也有幾個文武雙全的人物，如自然門的杜心五先生，如詠春門的李小龍先生，而在台灣，最近代的文武雙全的人物，當是八極門的劉雲樵先生。

杜心五，李小龍，與劉雲樵，這三個人都是多面手，文的武的都有很突出的成就，在上一輩的武術家當中，是老衲極為佩服的三位，小龍上次已經寫過一篇短文紀念，今回就來談談劉雲樵吧！

劉雲樵這個精彩的人物，老衲在這兒先簡單介紹一下，他是一河北滄縣的世家子弟，小時候家中養著清末民初的著名武術家李書文，負責劉府的護院，也兼著教導他八極拳、劈掛掌的武藝，待劉氏長大之後，他也涉獵過六合螳螂與八卦掌的功夫，這其中六合螳螂拳他是與大名鼎鼎的丁子成老師學藝，而八卦掌呢，則是親傳直承於宮寶田老師。

（王家衛電影《一代宗師》中，宮二姑娘的父親就是影射宮寶田，不過裏頭的故事人物與現實歷史上有很大的差距，可當作是純粹的文藝創作，而與真實歷史全然無涉。）

另外，在劉氏更小的時候，在李書文還沒被請到劉府之前，劉氏已跟著當時的另一個老護院張耀庭先生練過迷蹤、太祖兩門武藝，迷蹤善腿功，太祖重撐拔，這兩門武藝給劉氏打下了良好的童子功，劉氏至老腿功不退，八十多歲時還能玩穿心腿，可稱異數。

劉氏年少藝成之後，據說為戴笠的軍統局所吸收，專門負責暗殺漢奸，後來不知什麼原因，離開特務系統而轉投軍校，入校的時候，年齡比同學大上十幾歲，也因此成為軍校同學口中的老大哥。

劉氏當年打完日寇，隨即轉入國共內戰，在國民黨軍隊戰敗之後，隨蔣政府來台，五十多歲退休，退休之後，巧遇六合螳螂門師兄張詳三先生，才又重新踏入武術界，這一踏入不得了，不但在民間開了場館授拳，徒以千計，更在軍校同學孔令晟將軍的推薦下，負責兩蔣時期的總統府侍衛隊徒手格鬥教頭，因此也有了禁衛軍總教頭的稱號，除此之外，又有許多國外雅好中國傳統武藝的愛好者前來拜訪，這其中最出名的當屬松田隆智，松田氏返日之後，與漫畫家合作，將劉氏的一些軼事化做參雜在《拳兒》漫畫中推行，很受好評。

除了《拳兒》的渲染之外，更早以前，劉氏在中國大陸上打仗負傷之際，在西安的某家醫院養傷，認識過一作家陳銓，閒談之際，有透露一點當時軍統特工的編制與行動情況給陳氏，陳氏後來依此作為靈感，寫出膾炙人口的《野玫瑰》話劇，並在戰後翻拍成《天字第一號》電影，蓋因當時軍統特務的編制，由千字文的天玄地黃順序排列，故也有人戲稱劉氏為真正的天字第一號，但此說法，從未在劉氏本人口中得到證實。

不過殆無疑義的是，劉氏不但了解軍統特務體系，也非常了解青紅兩幫的海底，劉氏的軍校同學皆稱劉氏為「綠林」中人，可知端倪。

另外，除了武功之外，劉氏亦極精書法，他的書法是老衲目前見過的所有武術家當中最好的，很可惜孫祿堂先生與杜心五先生傳世的書法都不是很多，否則有得一比，劉氏的書法接近裴將軍帖的路子，因一般書法家氣質太文縐縐了，很難寫出裴將軍帖裏頭那種慷慨豪邁，一騎絕塵的瀟灑狂放，而劉氏深厚的武學素養，正好補足了這一點，所以在他仍在世的時候，劉氏的行草可說是洛陽紙貴，有心人極喜與他求字，掛在家中，以顯身分。

（忽然想到，武術家中可以與劉氏一較書法長短的，可能只有宋人岳飛岳鵬舉，不過私心以為岳飛將軍的字太過凌厲，鋒芒畢露，往而不復，沒有劉氏的渾厚醇正來的奪目。）

（又忽然想再插一句，許多人說裴將軍帖是顏真卿寫的，老衲以為絕對不是，不論考古，只論筆勢，裴將軍帖與顏真卿的其他作品看似相似，可差之毫釐失之千里，顏氏行書有敦儒氣，類於郭靖的氣質；裴將軍帖豪放，近於喬峰蕭峰的味道，這兩人雖然都會降龍十八掌，可是同類而異質，正如同顏真卿的筆法與裴將軍帖的差別；老衲怎麼看，都不覺得這是同一人的作品，不過套一句倪匡的話，此段與本文無關，可略過不看。）

以上只是泛泛地介紹劉雲樵先生這個人，有興趣的可以再深入找找他的資料，不過講個人的八卦野史向來不是老衲的愛好，所以有關這類歷史就此打住，特別來談一下劉氏有關武學上的故事。

劉氏一生授徒，雖然只集中在從軍中退休之後二十餘年時間，可是授徒數以千計，也有破萬之說，在這麼多人的眾星拱月之下，難免良莠不齊，造成某些徒弟喜歡吹捧造神劉氏，把劉氏塑造成如武聖人一般的神話人物，來圖利抬高自己的功夫與教拳事業，這種現象在傳武界屢見不鮮，如形意八卦門的孫祿堂老先生，近年來也有這種趨勢，老衲以為，這對武學的發展並非好事，人就是人，絕不是神，談點人能練的功夫，比什麼武聖、大師之說，好上萬倍。

劉氏教拳，直傳李書文的性格，拿藝甚緊，所以採取的方式很特別，叫做「說手不教手」，就是以說原理為主，姿勢大概帶一下，手腳稍微比畫，但絕少手把手的一招一式教招餵勁，這種教法其實不限於劉氏，八卦門祖師董海川老師也是這樣教的（詳情可參見老衲的《說說八卦的八卦》，裏頭有更深一步的解釋。），所以造成徒弟那輩，每個人打出來的樣子五花八門，人人不同，莫衷一是。

劉氏說過哪些武學原理呢？就老衲聽過的，分享給看官們聽一聽，想想看有沒有些道理。

其一，有徒弟問劉氏，鐵砂掌要不要練？劉氏答以：他當年聽說鐵砂掌最馳名的顧汝章，在擂台上要挑戰柳森嚴，結果顧汝章在擂台上打了柳森嚴三掌，而柳森嚴翻了三個觔斗，把顧氏的鐵砂掌勁道都卸掉了。

劉氏問：你要練成顧汝章？還是要練成柳森嚴？

（當然劉氏所述的顧柳之戰，實際情況不一定是這樣，但劉氏是以這個比喻譬拳，裏頭的意思應該是很清楚的。）

其二，有徒弟苦練抓鐔轉掌，練到雙臂如鐵，頸山（斜方肌）隆起，很得意地問劉氏說，老師，我現在的功夫好不好呢？劉氏只淡淡一笑，回道：一條鞭子就可以打跑一頭牛，你是練成鞭子了？還是練成一頭牛了？

其三，有徒弟問劉氏，某某功夫好不好？劉氏直答以：大肚子沒功夫！肚子那麼大，跑都跑不動，還練什麼功夫？

這點值得特別說一下，劉氏因練過迷蹤門、八卦門的功夫，對這些身體基本素質，如跑跳滾翻等等十分重視，蓋因他們當時，練好功夫是要做保鏢護院的，要能跑能跳能追人能翻牆，而不是在場館裏慢悠悠給學生講課就好的，所以劉氏說大肚子沒功夫，意即在此。

還有一個，曾有徒弟問劉氏，陰吊功（拿生殖器吊重物）厲害不厲害？要不要去練？劉氏答以：厲害不厲害我不知道，不過練好這個要幹啥？難道你要在上萬人的大禮堂，讓聚光燈打在你下體，讓上萬人一齊看你表演嗎？聽者聞之無不噴飯。

由上可知，劉氏本人是十分幽默而不拘小節的，劉氏還曾對徒弟坦承自己年輕時靠潑熱茶的江湖黑手取勝，咳，這種對自個兒的糗事坦誠相告的胸襟，老衲是萬萬做不到的，劉氏之豪爽不羈，真的非同俗人啊！

值得一提的是，劉氏出身武將世家，本身闖蕩過武林綠林，幹過特務，又帶兵打過硬仗，所以頗有俠氣，據說他隨軍移居台灣後，蝸居景美，曾數次出手教訓當地流氓，很受當地一些居民的好評，這一點，是很多只知道如鬥雞般找人胡亂比武，而忘卻了武術本身的意義在於當一個濟弱鋤強的「武道家」的人，所遠遠不及的。

劉氏過世前，已有「天字第一號」、「拳兒」、「大內禁衛軍總教頭」等宣傳稱號助陣，造成他聲勢盛極一時，沒想到在他過世多年之後，王家衛的電影《一代宗師》裏，那一線天張震的形象，又是明明白白影射他的，造成他本人傳出來的八極拳又再迎來另一次的宣傳熱潮高峰，雖然聽說因為兩岸政治因素，王的電影將這種影射的戲份淡化很多，但有心人應該還是看得出來一線天根本就是劉雲樵的化身，劉氏本身的人生如電影般精彩，而一生人身前身後，還因為種種機緣與各種媒體宣傳、電影漫畫、鄉野傳聞分不開來，不論其中是真是假，也真已是一段活生生的現代傳奇了。

能文能武的杜心五

中國古代人講的「能文能武」，不是一件容易的事。

所謂的能文能武，不是現代人以為的那樣，又會讀書又會運動就叫能文能武，古人所謂的能文能武，背後隱含的意思是，你既懂得廟堂那一套高雅斯文的玩意，也精通江湖草莽間的黑手潛規則。

要能跟上三層憑頭腦處事的菁英博弈，又要能與下九流的販夫走卒搏擱，一下是處子一下是野獸，能文能武，這是天才戲子才能幹得來的事兒。

近現代的武行中，老衲以為只有極度少數人算得上是「能文能武」，其中之一是孫中山的保鑣杜心五，杜氏據說走過鏢，也在鄉下辦過團練，團練是啥呢？就是民間私下收人練武，練戰技練陣仗，準備有事的時候拉隊出去跟人開幹拼生死的，團練要辦得起來，領頭的那個，手底若沒有三兩三硬工夫，怎麼壓得住底下人？光懂技術理論是不夠的，不懂得帶人心，尤其是要能帶底層刀口舔血的那些孩子的心，團練才能真正操辦起來。

杜心五出身富貴人家卻可以親身犯險幹武行這一道，真不容易，現代的富二代中俺唯一想得到的，恐怕只有遠東集團徐旭東的公子徐國安，加入美軍，在伊拉克打過仗，用膝蓋想想就知道對他們這種豪門出身的孩子來說這是多麼大的挑戰。一般人家庭經濟能力稍微好一點的，連讓孩子去稍微危險一點的地方訓練都不敢，何況是去硝煙戰火中拚命？

現代有錢人家的孩子，大多保護得像是無菌常溫室裏的花朵，看著是挺美，可一碰就碎。

杜心五後來去日本唸書時遇見宋教仁，一見如故，加入國民黨，出任孫中山的保衛工作，直到宋教仁被刺殺後，據說杜「厭惡黨中惡鬥」，將孫中山的保衛工作辭去，回家鄉賦閒——老衲一直覺得這段歷史很怪，明明宋教仁在正史上是被袁世凱刺殺的，關「黨內惡鬥」啥事？又，如果不是「厭惡黨內惡鬥」，那為何要在宋教仁被刺殺後離開孫中山？

老衲個人的一個大膽且政治不正確的猜測，以小人之心度君子之腹，宋教仁當時在國民黨內的聲望，是隱隱約約要盛於孫中山的，所以……然後……然後，就沒有然後了，俺說的是宋教仁的人生。

對了，據說杜心五離開孫中山的保衛工作時，還是不忍讓孫中山陷於危險之中，是以招募了江湖上一對尹姓功夫高絕的雙生姊妹，去接任保衛孫中山的工作，而這對雙生姊妹在孫中山病逝後去了所謂的「南洋」，不知是印尼還是馬來西亞？希望她們的武功，仍有傳人。

又對了，杜心五在中國全面對日本抗戰期間，「不經意」地為了組織起全國底層勞動工作者，又「恰巧」出任青幫紅幫的雙龍頭，連上海地下皇帝杜月笙也遵他為老前輩，據國民黨大老張佛千的回憶，當年憑一張他與「杜老師」的合照當信物，可以出入整個大上海大天津，飯店包車一律通行，連黃金榮也要專門派人打點，這等威勢，真不是一個一般富貴人家出身，又喜歡修道談法的富二代可以達到的。

忽然想到，倪匡老爺子寫的衛斯理故事中有一個人物叫做白老大，老衲一直以為他是影射杜心五的，不過俺想老爺子是不會認可這個影射的，哈哈。

杜心五閒時也很喜歡練書法，寫的書法雖然說不上是一時無兩，但也是具備一定水準，不是尋常武夫可比。

杜心五在世時被稱作是「杜老師」，與上海地下皇帝杜月笙是「杜老闆」有區隔，比較像是UFC名將Tony Ferguson被稱作是「夜師傅」的一種魔幻奇異感。（老衲現今也被人稱作是「衲師傅」了，一笑）

一個人能雅好文藝與佛道，出身富貴家庭，功夫高超又被青紅兩幫的幫眾尊稱為「老師」，真不是件容易的事。

說說魏三與林世春

有人說老衲不提師承，肯定其中有古怪與貓膩；，其實呢，這在中國的傳統武林中並不算甚麼，六合螳螂門的祖師之一魏三先生，據說就從不提師承，人要出名，靠自個兒的功夫打出來，多氣派，何必靠祖師爺們的功夫托蔭，當然啦，老衲想打擂台已經無望，不過靠嘴上功夫與筆下功夫，還是唬得大家一愣一愣，一驚一乍，是不是？

說到這位不提師承的魏三先生，很有得一說，傳說中他從來不提師承，只說練的是螳螂拳，平時沉默寡言，教拳時則喋喋不休，若被人打斷，還會大發脾氣，哈哈！老衲當年聽到這一點，就覺得這人真好玩，與那些莊嚴高尚的武聖形象大師不同，多活生生啊，老衲平時工作時或私底下，話也不多，但一講到拳，也是喋喋不休講個沒完沒了，教學生有時一講八個小時，講到他們光聽得都得聽累至虛脫不可，哈哈，最近看到一句話，是尼采說的，說「身體中的智慧，勝過最深奧的哲學」，這句話真好，難怪有許多人跟魏三還有老衲一樣，沈迷於拳，一講到拳，就非常開心。

附帶一提，魏三據說是個鴨子掌，用現代的話說，就是左手在懷胎時因基因變異而沒分裂完全，左手中指無名指小指三個指頭黏在一起，按現代的殘障分類手冊，不知道這算是第幾級？不過仔細想想，其實魏三的故事非常勵志，身有殘缺，只要勤奮不已，也能成就一番精彩人生。

據說山東招遠的林世春，聽說了江湖道上魏三先生的大名，於是千方百計打聽請託，終於把魏氏請到家中授拳，而林家原本已有私養一軍犯授武，即是六合短捶，林世春將魏三教的螳螂拳與軍犯的六合短捶綜合起來，謂之六合螳螂拳。

這魏三的個性極為漂泊，浪蕩無蹤，有時在林家只住幾天，有時一住一年半載，他老人家想到就走，也不通知林世春，可林世春始終以弟子禮侍魏老師，所以最後魏三將所有的絕藝都傳給了他。

（古人是這樣對待老師的，現代學拳求藝的後生小子們有沒有一點兒慚愧？）

這魏三來去無蹤，一次，回到林家之後，與林世春感嘆他真的老了，在關外遇到一復仇少年，說他爹爹當年被魏三手刃，所以要找他報仇，那少年在木棍上裝上他爹爹的遺物，一個貓耳槍頭，魏三用刀，兩個人就這麼打了起來。

魏三說，他幾乎要被那少年戳死，釘在地上，最後他孤注一擲，用脫手刀之法，才將少年殺死，魏三帶著那貓耳槍頭回到林家，據說還回憶招法，教了一段貓耳槍法給林世春。

（其實老衲私心以為這魏三先生的故事聽下來，他老人家完全是黑道綠林上的人物，只是前輩們口述時特別避開此說，不過這是俺的個人意見，做不得準。）

魏三死後，林家以師禮厚葬，其時鄉閭裏並不知道林世春的功夫如何，直到一次，林世春在趕集時與當地混混起衝突，雙方打了起來，據說林世春一用力，腰褲帶就崩了，於是林氏一手提著腰褲帶，一手與混混們周旋，最後把二十幾個混混都打跑制服，這事一傳出來，林世春聲名大振，才有後來黃縣首富丁子成求師之事。

（古人求師是因為知道此人功夫好，才去研究他的功夫來歷；丁子成求師，是因為他聽說林氏隻手打跑二十多個人，的確有獨到之秘，因而求師。並不是因為聽說一些廣告式的傳聞，如甚麼林家養了軍犯授拳，又請了江湖道上的魏三先生教武，一聽就很酷，所以想學——在這一點求學動機上，古人與現代人可是大相逕庭。）

為什麼突然想到魏三與丁子成呢？因為老衲最近想到了俺姨丈，他老人家少年時跟張詳三老師學過武（張老為丁子成之徒），後來雖然在國外當了企業高管，位高權重，年收不知數，可他還是隨身帶著張師寫的基礎拳一書複習，當作休閒運動，出差如是，加班如是，看著他笑咪咪的一副標準企業主管溫吞和善的老好人形象，實在是有一些反差。

以上故事都是老衲聽姨丈小時與俺說的，不過他強調他早不是這圈子的人，以上故事，老衲不過寫出來與大家一樂，若有錯漏不真確的地方，還是要以六合螳螂門現今的當家拳師，說了才算數啊！

那話兒的故事

昨天有人要老衲說故事，老衲狗嘴吐不出象牙，直言傳武界的故事百分之九十九點九都是假的，千萬別聽，聽了信了誤你一生，今早睡醒以後，頗覺悔悟，其實傳武界還是有一些真實故事的，可以一說，今日，老衲就來說說傳武界中那話兒的故事好了。

話說當年，有一位熱血青年，對中國傳統中神祕的武功充滿了景仰之情，從小拜師學藝，跟的都是當時最一流的大師，他先拜了K老學藝，後來又拜了S老與T老，可能還有ABCD好多老師，最後，他拜上了當時最出名的Q老。

拜上了Q老以後，這名熱血小青年，咱們暫時叫他M先生，這M先生開始覺得自己功夫了不起啦！俗話說人從三師藝必高嘛，我老M自小學藝數十年，都跟過四五個大師去了，功夫哪有不好的道理？於是他跟Q老說，Q老啊，當今武術正熱，有一些場子，來學習的都是小青年，犯不著勞動您Q大師親自去教，讓我去代勞就夠了，到時候我拿一點車馬費，其他的學費還是拿回來孝敬您Q老。

這話給Q老一聽，正中他老人家下懷，何樂而不為呢？一方面派遣自己弟子去教，學費照收，另一方面又可顯得我Q大師的位高而德重，不能輕易御駕親征，多好！於是這事就這麼定了下來，按表操課，自此一來，打著Q老名義，實際卻是M先生去教的場子越來越多，一時蔚為壯觀。

豈知，好花不常開，好景不常在，這麼好的一個正向循環的 business model，在M先生教不到一年半載就亂套了，為什麼呢？因為M先生在教某一個場子的時候，「不小心」姦汙了一名女學生。

這一下子事情可鬧大了，當年雖然人人保守，但拳頭教師M某姦汙女學生的事，還是一下傳遍了整個武術界，Q老一聽，急得像熱鍋上的螞蟻，在家裏轉來轉去，不知如何是好，若是公開此事逐劣徒出門，那豈不是讓人笑掉大牙，說怎麼他Q老精明一世，臨老收了這麼一個採花賊來敗壞門風？但若是不處理此事，那他Q老將來還怎麼以德高望重的顏面，去面對那些行止正派的武林同道？

這件事最後怎麼擺平的呢？還是Q老的一個小徒弟有急智，他向Q老建議道：「老師，不是那第三世界某國恰巧有一間中華國術武館要開張了嗎？不如我們派M某為代表，去那個海外異邦教拳得了，等他回來，都不知某年某月，誰還記得這破事呢？」

Q老一聽此話，如聽仙樂耳暫明，醍醐灌頂，撫掌長嘯，連稱此計大妙，豈知這機智小徒此計一出，計計連環，又衍伸出好多事來，但都是後話，與本文無關，且按下不提。

以上的故事，可能略有誇大地方，但有一件事實是絕對真實的，那就是M某真的姦汙了某名女學生，為何老衲敢這麼言之鑿鑿的說呢？因為這故事是老衲的父親與老衲說的，而那名女學生當時的男朋友，正是老衲的父親的同學，當年女同學被姦汙之後，老衲的父親聽同學親口說的，說M某先生如何不堪，怎麼一個堂堂正正教武的老師，私下會幹出這等缺德事？

故事講到這，已經差不多說完了，肯定有看官心癢想問，那名M某最後下場如何？老衲老實告訴各位，這M某拳師可說是天生的行銷奇才，跑去第三世界開武館教拳以後，儘管手上沒功夫，可嘴上功夫凌厲之至，一間一間的海外武館迭開不休，從海外又紅回國內，要知道國人最吃崇洋媚外那一套，總是以為遠來的和尚會唸經，他M某既然連老外都可以哄服了，肯定厲害，後來M某回國時，搖身一變，變成了旅居海外的功夫大師，載譽歸國，不要說武林同道了，就連當年在Q老門下知道他那些破事兒的師兄弟們，都忙不迭地找他吃飯合影，攀搭關係，以示同門之誼，手足之義。看著這群武林中第一流的袞袞諸公諸師們，老衲還真是太佩服這些檯面上一流人物的臉皮之厚，心腸之黑，不禁想起太史公的那句名言：

「天下熙熙，皆為利來，天下攘攘，皆為利去。」

近幾年這位M大師魂歸西國，居然落得一個壽終正寢的結局，不過冥冥之中似有註定，他老M最後收的小徒弟做事沒留手腳，以為可以套用他M老師當年的下流勾當，一樣幹起姦汙女學生的破事，可他沒料算到這已經是二十一世紀，媒體挖扒破事的功力怎可與四十年前相提並論？更何況女人也不迂腐，直截了當地把這M某小徒送進了司法機構，依法處理了事，大快人心。

老衲生平愛詩，看到此處，又忍不住吟起幾句詩，道：「周公恐懼流言日，王莽謙恭下士時，假使當時身便死，一生真偽有誰知？」

好啦！故事到此真的說完了，有學生曾說老衲有反社會人格，老衲生平最看不起鄉愿，因循苟且，黑白不分的軟爛傢伙，這故事若是老衲不說，估計以武林諸公的德性，可能真會永遠埋沒在黃土之下啦！老衲今天想起此事，腦袋一拍，想一定得留個紀錄，故寫此文，信者信不信者便不信吧，不是老衲不知道別把手伸進糞堆的道理，實在是以為這四十餘年過去，整個武林當中就沒有一個好漢敢站出身來道個隻字片語，為當年那女學生伸張正義。

老衲感概，武俠文化應該重新發揚，武字就算不必，俠字卻萬萬不可少。曾有崖岸自高的武術教頭跟老衲說，他從來不看武俠小說，因為那裏面寫的武功都是假的。老衲回道：武功雖是假的，俠義精神卻是真的。不要看滿街練武的人一大堆，遇到事情時真的敢拔刀相助兩肋插刀的勇士，卻未必是真正練過武的——如果是這樣，那末練武何用呢？

最後老衲提醒一句：故事裏的ＡＢＣＤ都是信手拈來，千萬別與現實中的人物相結合，胡亂對號入座啊！

那話兒的功夫

很久以前，老衲寫過一篇故事叫作是「那話兒的故事」，其實早就說明是瞎編的故事，如有雷同純屬巧合，沒想到很多人紛紛對號入座，在背後把老衲罵得半死——哎，奇哉怪也！只聽說好事有人要對號入座的，沒想到這種醜事也硬是有人喜歡對號入座，還硬湊自己的師長進去對號入座，不知這是甚麼心態？

扯遠了，上回說完「那話兒的故事」之後，再回來說說「那話兒的功夫」吧。

說到那話兒呢，其實很有意思。它最重要的特質就是可硬可軟，硬時如鐵軟時如綿，軟硬之間變化極大；但這是甚麼原理呢？現代的西方醫學說：那是因為海綿體充血的關係。其實老衲以為並不真確，至少並不能完全解釋；因為若是「充血」就能「變硬」，那麼醫院裏輸血用的血袋都應該是硬幫幫一塊了；又或者說，如果在血袋之中扔進塊海綿，那麼那塊海綿應該會「變硬」。可是事實上大夥都知道，那是不可能的事。

所以，若用東方的人體哲學氣血本位的思考方向來看；那話兒除了「充血」，其實還有「充氣」的作用在裏頭；而在同一時間裏氣血兩充的話，會讓肌肉產生一種微妙的變化，鬆時軟如綿，緊時硬如鐵；如果單純只充任何一項，是不會有這種微妙的變化的。就好比氣球打滿氣或水球灌滿水，再怎麼弄，都不會變成鐵球的。

古代練功夫的人看到這種奇妙的現象以後，開始思考，如果我們練功夫的人能將全身肌肉都練成如那話兒一般可硬可軟，硬時如鐵軟時如綿，那在打架時還不橫掃千軍？忽陰忽陽是妙手，九陽神功與九陰真經同練，那不是比一硬到底或純柔無剛要更厲害得多？於是這種想法，創造建構了內家拳的基本原理。

咿，不小心又扯遠了，有人肯定要罵老衲高來高去，說那話兒的道理建構了內家拳的基本原理，胡扯、胡扯！但事實老衲以為就是這樣的，鬆時軟如綿緊時硬如鐵的肌肉，比單純硬幫幫或軟綿綿的肌肉要好用得多，所以練功夫的人要多跟那話兒學習，軟硬自如，伸縮自在，這是錯不了的。

不過呢，不要以為只有中國內家拳可以達到這種效果，事實上「正確地」鍛鍊肌肉，在某種程度上都能達到此類效果；老衲當兵時遇過一個同袍，眉深鼻挺高大帥氣，最古怪的是，他的身體半邊是刀疤，半邊卻全然乾淨無疤，模樣很是奇特；老衲有次跟他交手，發現他也可以做到身上肌肉軟如綿硬如鐵，追問他怎麼練出來的？他說他是跟著他在當法籍傭兵的表哥練重訓練出來的，哈哈！老衲有次看到拳王阿里的按摩師受訪，說阿里的肌肉柔軟地像少女。俺不知這事到底是真是假，但其中內含的寓意是相通的。

說回內家拳，若要細論充血與充氣，老衲以為重訓的方式更偏向「充血」一些，而傳統的內家拳訓練則更偏向「充氣」一點，甚至是九氣一血，將外層的肌肉完全退化掉，只保留內裏的附骨肉就可以了；很多人在練內家拳的時候，根本沒有經過硬物敲擊的過程，卻可以不自覺地練出抗擊打的功夫，便是這個充氣的作用在運作著。

說到「氣」，其實傳統的心意六合拳訓練對「氣」上的訓練很是講究，有貫氣拉氣行氣布氣調氣等等練法，當年俺師比喻：這氣字既可很深又可很淺，他小時候在鄉間裏看人剮豬，要將豬皮剝下來前，得先插進一根空心鐵棒，然後在裏頭吹氣，這樣一來豬皮才剮得乾淨。俺師說：這也是氣，叫老衲回去好好想想。

多說一句，練這種「充氣」練到一定程度的時候，會覺得有東西在皮下爬，有人會說是「發癢」，有人說是「氣燥」；而這個時候人體會自然產生一種想要碰撞的慾望，跟那話兒一樣，一充氣，就發癢；只是這種感覺布滿全身，那味道可想而知。傳說中心意門早期的一位老前輩就是如此，性格變得好鬥異常，天天找架打，沒架打便在林中撞樹排解，終於釀成大禍而身故。所以充氣法練到一定的程度，還要懂得調氣與行氣，不能讓氣拘於一處，否則不是好鬥鬧事，便是腦溢血之類的突發性疾病……哎，不過這些話對絕大多數的業餘愛好者來說，是多講的，老衲自掌嘴五十，輕輕掠過不提吧！

拉拉雜雜說了一大堆，一定有人要問這個「氣」字到怎麼練？很多人說是放鬆，其實放鬆也沒有錯；不過老衲多說一句，對初學者而言要體會那個氣，你得在「放鬆中用力又能在用力中放鬆」；這樣才上功的快。如果是一鬆到底，還是那句老話，那是給已經掌握氣字的高手練的；對於初學者而言，太過放鬆就甚麼東西也沒有了。好比「吃虧就是佔便宜」，舊時的上海地下皇帝杜月笙可以這麼講這麼幹；但對於一般的升斗小民，吃虧就是吃虧，根本沒啥便宜好佔的，哈哈哈哈！

身如老藤卻雙腕齊斷的神祕殘疾人

傳統的內家功夫練出來以後，不知道為什麼，在某種程度上都有一種身如老藤的凝黏之勁，而與現代搏擊的味道不太一樣，現代搏擊用的肌勁一驚一乍地，發力時像是精密的機械，切線犀利而力道十足，而傳統功夫裏磨練出來的人，身上的東西大多都有一種像動物一樣的筋勁，好似一條蛇樣，每寸身體都有一種柔韌如鞭的味道。

腰馬合一，節節貫串，鬆而不散，剛而不僵，身如老藤，差不多都在形容這樣的一種功體功態，用文字敘述如何也無法精準地描述這種渾身一體的合一之勁，記得倪匡的小說裏，最喜歡用來描述武功高手的一句話叫做：「渾身瀰漫著像豹子一樣的精力。」老衲想，倪老說的便是這種功體。

要注意的是，現代很多人耍拳，也喜歡模仿這種功體的外在表現，故意把拳耍的一頓一搖一抖的，裝模作樣一番，這些人不知道，這種功體若是單靠外形模仿是絕對模仿不來的，非得要得傳內家真訣而痛下苦功，由內而外，自然散發，如老譜上說的：待得丹田有功時，氣不提兮氣自轉啊！

曾見過一個視頻，是一個雙手齊肘斷去的殘疾人打拳，雖然沒了雙腕，可是打起拳來一絲不苟，神氣逼人，身法凝鍊，淵停岳峙，功夫煉化得極為精純，身如老藤的功態再明顯也不過，而有如此拳功在身，運氣走穴，推宮移位的內功肯定是不在話下，若要比武，只需在肘尖上加裝奇形兵刃，橫掃江湖不敢說，爭得一方霸主總歸是沒多大問題。

瞎侃得遠了，是說真是極為佩服他這老傢伙身殘心不殘的精神，堅持鍛鍊，天天向上，遙想當年，不知是手先斷才練武，還是先練武手才斷，要知道，這兩種情境大不相同，若是手先斷才練武，那十之八九練武時懷著憤恨不滿的怨懟之情，若是先練武手才斷，那又是怎麼樣的一個痛苦回憶，讓他好不容易修煉的十年純功毀於一旦？

網路就是如此有趣，很多人很多事很多文章，都是神龍見首不見尾，哪天若是老衲有機會見到這殘疾人老傢伙，真要先敬他三大杯白乾兒，以表老衲滔滔不絕的崇敬之情啊！

附註：神祕殘疾人的影片在此

扶搖摶氣的綿軟內功拳師

有一些傳武大師的專頁老衲實在是看不懂，一天到晚與同行互相吹捧，一下說甲好一下說乙好，好像娛樂圈的明星們互粉以拉高交叉關注程度一樣，毫無意義，而那些甲乙老師真有那麼厲害？老衲一個一個點進去看，覺得通通都不好！哈哈！

話要這麼說才對，你既然是大師，那末寫一點自己的拳論來看看境界，應該不是難事吧？何必一天到晚轉貼別人的東西呢？尚雲祥前輩說，「真練通的人，編起拳訣來，不過是大海裏激起點浪花，算的什麼？」區區老衲本人，不敢說練通，但真要閒來無事，公司老闆沒交代事情，這種瞎編胡謅的拳論一天寫個三五篇根本是信手捻來，大夥兒早就被老衲疲勞轟炸過了，應該知道老衲所言非虛。

說到寫拳論，老衲有一點秘訣可以與大夥兒分享，那便是每一篇拳論裏頭，一定要夾雜一點「乾貨」，如此長久下來，自然人人愛看，為什麼呢？因為人家看你拳論也是花時間的，你浪費了人家三五分鐘，總要讓人家有所得一些東西吧？所以老衲每篇文章寫完，一定自個兒細細檢查，若無乾貨，整篇撕掉重寫，不值發表的通通不要。

說到乾貨，老衲忽然想到，上回有朋友來這兒顯擺「架構力」，所以老衲也來侃侃架構力吧，免得人家以為俺不懂架構力呢！

什麼叫架構力呢？就好比蓋房子的鋼筋，這好理解，反正鋼筋的架構力學搭好就好，可是大夥兒可能沒注意到，這人體可不是房子與鋼筋的關係啊！於是便有了所謂的「氣」，這氣是什麼呢？便是推動這個鋼筋的玩意，好比氣壓槍一樣，或者說跑車裏的引擎與油，若是你跑車外表結構漂亮，可以將風阻壓到最小，可是引擎與油的催動比例不對，那便跑不快了，如果你的架構裏頭沒有氣，那靜態定步的時候還可以玩玩，一動起來，便成為肌肉力量在催動，反客為主，肌肉力一用就僵，你的「架構力」自然就散掉了。

當然啦！這「氣」只是一種內壓的感受，不叫它「氣」也可以的，所謂氣可氣非常氣啊，喊它啥都行，心意六合講究「縮漲」，便是此了，而老衲粗淺的認知以為，大多數所謂的內家拳學的「字訣」，都是在講這種感受的。

多年以前，老衲的朋友去訪過一個內功拳師，老師傳給他講「扶搖」二字，並示範了一下，這位老師傳藏技極深，公開的學生與公開的影片都很差勁的，但私下這個一表演，裏頭有些東西，那朋友傳給老衲看，老衲覺得有點意思。

多年以後，老衲早與這朋友失了聯絡，老衲也曾立誓再不入武術圈，實在是陰錯陽差又忍不住寫文章罵人了，在此傳武的末法時代，順手公布一下內功拳師的「扶搖」功法，老朋友應該不會怪俺吧！

附註：綿軟內功拳師的影片在此

為鷹爪門的功夫說一句公道話

中國傳統武術圈裏，有幾件不得不說的公案，大夥兒諱莫如深，老衲一向不喜談八卦，不過有時覺得，有些公案八卦，很有些拳理含義在裏頭，瞎侃侃，有助朋友們理解一些簡單的道理，也未嘗不可。

其中一件公案，便是從民國以來，西洋現代搏擊術傳入東亞之後，很多人開始質疑起「鷹爪門」的功夫在擂台上是否有實用性？很多人練了，上去擂台上試了，大多的結論是負面的，認為鷹爪門的功夫不實戰，無法上擂台，更無法與拳擊、泰拳等搏擊格鬥術搏拼，這個理論傳到今日，在某些人心中，幾成定論。

老衲雖沒練過鷹爪門的功夫，但基於對傳統武術的認識，今日想來為此翻翻案，說一些心中的看法，說得不對的地方，還要請鷹爪門的朋友見諒。

首先從「鷹爪」這個詞先說起，鷹爪門的定名與流傳，該門內的行家自有定論，不過老衲私見以為，這可能還是與古代的江湖春點有關，在春點中，「鷹爪」二字所謂為何呢？即是官府緝盜賊匪的捕快之意，說「鷹爪子」來了，就是說「捕快來了」，大夥兒小心的意思。

為什麼老衲會有這種想法呢？因為細看鷹爪門的內部訓練，多是圍繞著「爪力」，與「擒拿」等在訓練，當然除此之外，仍有若干套路，這部分套路老衲沒見過，先不論它。

這「爪力」與「擒拿」，自古以來便是捕快的專業訓練項目，到現代，警察同仁們內部仍就是訓練「擒拿」不輟的，而練擒拿，照理來說必練爪力，否則擒不著拿不緊，抓捕匪人時，形同虛設。

而在古代，捕快們除了練擒拿需要爪力之外，很多輕功的項目，如走簷穿等亦須爪力輔助，旁的不說，光是翻牆，如果指力爪力不夠，還沒翻過去，就在牆內跌個狗吃屎了，因此古代的捕快需要勤練爪力，輔助擒拿，輔助輕功，以利追捕賊匪，於理所合。

所以在老衲心中，這「鷹爪門」的功夫，即是一套適合古代捕快所使用的功夫，而這套功夫的具體訓練設計，完全是針對捕快的日常工作所需設計的，並非為了擂台搏擊所設計的，所以把它搬上擂台應戰，當然不符所需，好比你讓一條魚去跟猴子比爬樹，並非魚比猴子差勁，而是一開始的前提假設，便有極大的謬誤。

細看鷹爪門劉孟法先生的著作，裏頭有「爪力」練法，亦有「擒拿」招法，著著符合科學力學原理，其實並不如外人所想的那麼空泛，真要說一點訓練上的問題，可能是部分習練者未充分練習過雙人對練，或在對方極度反抗掙脫的狀態下硬拿硬擒，這一點看柔術訓練就曉得了，柔術當中也有許多擒拿手法，但它是在部分開放，允許對手反抗掙脫的狀態下施技，而部分鷹爪門的習練者，可能未經過此項專門訓練，所以若在全開放的狀態下施展，這鷹爪門的技術，就不如師徒間「說手」時這麼輕巧容易了。

當然，老衲還是相信，在真正鷹爪門的真傳傳人手上，這些問題都不是問題，只是就外人角度看書瞎理解而已。

只是想說，傳統武術分門別類極多，各門各派的使用場景與相應技術都各擅勝場，各有各的道理，不能用單一的比武競技作為唯一標準，古代武功，是古人的生存手段，各門各門的發展環境與使用目的（老實說，古代武功中，單純研究純粹的徒手搏鬥技術的並不多見），若把這些武功排排站，統一放在一個擂台上打，搞一個華山論劍，只有打贏了才算是武功，其餘通通不算，這樣的想法是武俠小說看多了，腦子看壞，錯把電影當現實，以為現實就是那樣的。

有這樣的理解，是個人的見識與理解有問題，不是人家的門派技術有問題，對不理解的事物妄下斷語是現代人淺薄的通病，俺也只能點到為止了。

當然，鷹爪門的功夫時至今日，該如何改造方能符合現代所需之技能，這是現代傳武的習練者應該努力的事，好比有些傳武拳法，很明顯是長槍短槍，甚至是弓箭訓練的前哨準備，這種訓練要如何融入當代以徒手搏鬥為主流價值觀的環境，也是該門派習練者的功課。

三十多年前電視開始轉播全開放式的格鬥比賽之後，傳統武術與現代搏擊勢成水火，互相嘲笑，行之有年，這情況在近十年已經大幅改善了，現今最具指標意義的ＵＦＣ拳手不少都有傳統武術的訓練夾雜其中（當然不一定是『中國』傳武），好比夜魔 Tony Ferguson 與嘴砲 Conor McGregor 都是，他們本人或其教練團，都或多或少有在研究如何從傳統武術當中提煉出來更具意義的訓練。

除了ＵＦＣ這種財大欺人的搏擊賽制之外，如緬甸拳賽的單位，近幾年也在不斷發聲，希望有更多人研究他們的賽制與收看他們的比賽，緬甸拳賽與泰拳拳賽的規則相近，最大的不同便是「頭鎚」的開放，但差一個頭鎚，整體打法的節奏與背後訓練，有霄壤之別的改變，就好比泰拳的打法與訓練，也不是單單練好拳擊加上踢腿就好，心意門的孫少甫老前輩精研頭打，當年有「孫鐵頭」的渾名，若未來主流的搏擊賽制開放頭打，老衲相信絕對有不少見識卓絕的教練也會吸收傳武的若干訓練，以幫助選手取得更好的成績。

很多人喜歡嘲笑傳武落伍，殊不知這種看法，本身就是一種很落伍的看法。

老衲生平遇過的鶴拳高手

老衲常說，最能代表台灣的拳法當屬白鶴門拳法，蓋因台灣的鶴拳好比香港的詠春，幾乎遍地皆是，高手奇多，論密集度與深度廣度，最能代表台灣的拳法應是鶴拳無疑。

老衲小時候在台灣習武，後來去國外訪師求道，在不敢說很長的習武經歷中，居然也曾多次遇到鶴拳高手，要知道，老衲向來不與武術圈中人打交道，可是以老衲在此行中之邊緣，尚能遇到如此多之鶴拳高手，便知此拳在台灣流傳之廣之盛。

最早的一次，是在老衲約莫十來歲時，便被老爹送去一朋友處習打，該人自吹他曾訓練黑道打手（不知真假），老爹一聽，大好，便慨然將老衲送給此人練功（當時可能只算小衲，哈哈！），記得那人當年是在林森北路附近一專營八大行業的大樓中的某層寄居教武，一對一傳授老衲奪刀、閃躲、跑跳、翻滾、與種種不入流的江湖黑手，但是，讓老衲當時印象最深刻的，不是這些江湖黑手，而是那層樓上，旁邊的練習空間，站了四五六個彪形大漢，渾身刺青，只著背心，在練一種奇怪的動作。

什麼奇怪的動作呢？他們用雙掌往自己身上一拍（記不清，可能是練排打也練掌功），再藉著這反震之力，用掌背往前一摔，打在靠牆沙袋上，那沙袋裏不知裝的是甚麼，但他們一拍一摔之間，俱都發出轟天巨響，整整兩小時左右，就只單單練習這一個動作，練完之後喝喝酒抽抽菸嚼嚼檳榔，聊一會兒天，然後到隔壁一間單獨的房間，好像繼續去做其他的雙人對練，老衲當時十來歲，啥也不懂，問老爹的朋友，那人只淡淡地說：「他們練鶴拳的，不認識。」

這是老衲生平第一次知道鶴拳這東西，留下極深的印象，這群彪形大漢究竟是幹什麼的？老衲始終沒有搞清楚。

多年之後，有陣子老衲落魄中部，阮囊羞澀，蝸居在一小公園旁的一間破爛雅房，房內太小無法容身，半夜走到樓下公園，玩玩單雙槓，跑跑步，活動一下，當時有一人對老衲注目，老衲運動一向不喜歡有人觀看，便停了下來，他見老衲如此，一笑走上來與老衲攀談。

那人一開口便問老衲，你肯定是練家子，是練何種拳法的？老衲生性保守低調，只搖搖頭道，自己瞎運動，啥拳也不會不懂的，那人一笑，也不以為忤，便自顧自開始介紹起他的拳法。

他說他少年時期，在鄉下練的是鶴拳，老師很有名，練功很勤奮，可老師故去之後，他對於練功就不那麼熱衷了，直到有次大病，在鬼門關前走了一遭，幸賴鶴拳的煉氣法保命，慢慢休養回來，這才重拾拳技，老衲一聽便對這人起了尊敬，什麼是勇者，能對生命的不公平抗爭的，才是真正的勇者，於是請他示範一下鶴拳。

可能與老衲說話投緣，也或許是天性性情溫厚，熱情於武，那人不厭其煩地與老衲介紹起鶴拳的各種功法，抖彈驚縱，演示三戰，演示五行甩肢等等，還與老衲推了一會兒手，說到最懷念當年鶴拳師父的一種神奇勁力，一搭人手，便能把人「吸」過來（可能是鶴拳吞吐浮沉的「吞」勁），一晃眼兩三小時過去，兩人說得不亦樂乎，臨別之際，他給了老衲一張名片，說有空可以到他教拳的場子看看玩玩，老衲翻名片一看，這人名字一見不忘，叫做匕老師。

還有一次，某個機緣巧合，老衲遇到一金某，據他所述，當年一鶴門高手為黑道追殺，落難金家世居鄉鎮，金某自幼好武，家世也闊，便把該人養在家中，四年供養盡得所傳，金某曾出示一鶴拳老譜給老衲看，上書「七年換勁，若不得者再練七年，十四年後再練換勁，若仍舊不成，再下七年苦功，若廿一年功夫仍不得換勁，終生不能望也」，又說「七年換勁，再練七年後可再換勁，若再換勁不成，待十四年後再行換勁」云云，這種說法，與當年波斯奇功乾坤大挪移極似，也是一絕。

金某當年與老衲談武，曾說到鶴法以「輕靈」二字為上，因方七娘當年創拳，棄熊虎蛇鷹等猛獸，獨取白鶴輕靈，是故白鶴功法當以優雅為尚，輕靈鬆軟，而非是兇猛搏殺的東西，又說在八閩拳術當中，以龍拳、虎拳、與鶴拳三種拳術最為上乘，其中龍拳練筋，虎拳練力，鶴拳練氣，三者所宗不同，而鶴拳能練至氣滿騰飛之境的，更是少之又少。

老衲雖然習武，但只喜歡在家閉門造車地動一動，從來不喜向外跑，在武行中算是邊緣再邊緣，如此自閉之人，居然都可以接二連三地在台灣碰上鶴拳高手，真是奇蹟，但也側面可知台灣本島鶴拳高手之多之眾，不過在眾多台灣的鶴拳高手中，老衲最心折的，還要屬猴鶴雙形的陳明崙老師，陳老不與人爭，謙沖自得，一身功夫名震東瀛，真是活骨董一樣的人，可惜緣慳一面，始終沒有見過陳老當場演武，引為一憾，老衲當年崇拜金庸老先生與李敖大師，也是始終緣慳一面，前幾年在一私下場合，約者暗示金老必來，引得老衲機票一買，直奔北角某招待所，結果到場時才知道金老夫人堅拒此會，老衲當時心底就想，哎，以金老年紀，恐怕俺這輩子是無法親自拜見老先生了，果不其然，三年之後金老仙逝，如老衲所料，緣慳一面。

對了，以上對鶴拳高手的回憶，都是老衲做夢夢到的，酒店樓中的無名打手，溫文爾雅的匕老師，還有大隱於市的金某，在現實中都查無此人，很多人喜歡罵老衲寫文不真實，那就不真實到底好了，又有何妨？

黑手保鑣與木訥僧人的土法子

說兩個小故事給大夥想一想其中的道理。

老衲小時候還沒去香港找慕容前輩習武之前，曾經跟兩位老師學過一些亂七八糟的散手土拳；那兩位算來都是老衲的老爹與爺爺的朋友輩，一位當時自稱是林森北路各路圍事們的教練，老衲叫他黑手保鑣；另一位是在中壢山間一座破廟裏掛單的老和尚，平時不愛說話，老衲都叫他木訥僧人。

與這兩位老師習藝時，令老衲印象最深刻的有兩件事：第一件事是當時黑手保鑣在教老衲栽碑倒下這個動作時（這個動作大概是雙手護在胸前，整個人像一塊墓碑般直挺挺地倒下，靠雙手小臂扛住力，背部成一直線將身子撐平），老衲怎麼都做不起來；身子直挺挺地一摔，肚子撐不住便靠在地板上癱軟。那黑手保鑣一看老衲如此懣懶，從抽屜裏當場拿出一把開山刀，架在地上，正對著身子倒下去時的腹部位置，惡狠狠地瞪著俺說：「老衲你再給我倒一次，這次你肚子再不撐好撐直，自己看著辦。」

當時老衲應該只有六七八九歲，具體真忘了，總之真不是很大的年紀，給黑手保鑣這麼一嚇唬，突然練這招栽碑練得如有神助；但，還是給老衲心裏留下很大陰影，從此不喜歡練那些黑手保鑣教的前撲翻滾護身倒等等沾地板的東西……更不要說後來黑手保鑣在教老衲奪刀術的時候，是直接拿那把開山刀來真的。

另一件讓老衲印象很深刻的事情是，當年那個木訥僧人教老衲功夫的時候，要老衲天天整點準時冬天四點半起床跑山。這一跑跑多遠是早忘了，反正時間很長，跑跑停停，練練腿靠靠樁再蹲蹲馬步，途經鄉下豬舍、雞舍、還有山間瘋狗群——那時被野狗狂追那可是家常便飯，哈哈！印象中晨跑跑完，那已是山寺中敲鐘吃早餐的時間，大約是六點半或七點吧；從山間跑完山路再回到廟中，從菩薩（廟中多稱燒飯煮菜的婆子為菩薩）手中接過清粥素菜，並唸完迴向的供養眾生咒，這才歡喜動筷……

等一等。

說到這裏不知道讀者朋友們有沒有想過，這樣的故事說起來的確很精彩——可是那樣的練法真的有練到功夫嗎？老衲很明白地告訴你，俺以為那樣的練法是完完全全練不出功夫的。

要練出功夫，好比打鐵鍛鋼，「方法正確」是最重要的，而不是吃苦當吃補土法煉鋼胡整一通。以上說的那些都是反面教材，如果年輕朋友學武時發現教練老師們不告訴你正確且符合人體工學的實操方法鍛鍊，而只告訴你一些似是而非的純理論與土法子，諸如「多蹲多操就會啦」、「我們以前練得多苦，你現在不會是因為不夠吃苦」……那麼還是趁早轉檯，投向明師、通師、達師懷抱為宜，莫誤了青春，也練壞了身子與腦子。

（本文寫作起因是有一新聞說某柔道教練讓來學習的孩子亂摔亂打，以致重傷身殘，特此感嘆寫下自身經驗，希望社會大眾能對武道教育有更加深刻的認識與常識。）

特務教官與紙鴿子的真假功夫

老衲最近拿到了幾卷某國著名的特務體系中，一老資格的格鬥教官的私下錄影帶，裏頭教的示範的全是所謂的江湖黑手，這些黑手翻譯成現代語言，就是隱蔽性高，施作時不易察覺，且擂台比賽中完全犯規的打法，精彩莫名，目不暇給，看老教官做來如銀瓶乍破，似水銀瀉地，種種巧妙打法在他手中像變戲法般一一湧現，那影帶拍攝時，老教官雖然已經六十多歲了，但與年輕人玩翻滾，試擒拿，封脈閉穴，搞地板纏鬥，甚至到多人群戰互毆追捕，老教官一一親身示範，絕不套招，衣服褲腳紮緊，連說帶打，連滾帶爬，活動力更勝年輕小伙，看得老衲嘆為觀止，拜服得五體投地，熬了幾天夜全部看完，看到最後一卷的最後一分鐘時，終於忍不住撫掌長嘆一聲，闔上雙眼，想起了一件往事。

約莫三十多年前，老衲有次在中國大陸某名山的一間道觀上，曾遇過一個古里古怪的道士，那道士道號古怪，名「紙鴿子」，老衲問他，呂洞賓道號純陽子，陳摶道號扶搖子，葛洪道號抱朴子，這都是有來歷的，尊駕道號紙鴿子，不知來歷為何？

那紙鴿子搖搖頭，道，這紙鴿二字乃是我師尊取名，我也不知出自何典？老衲點點頭道，尊師道功通玄，能悟天機，他老人家既然如此取名，必有他的深刻含義，只是咱一時參不透罷了。於是與紙鴿道兄拉手，在道觀旁的小客棧裏呼酒設宴，共謀一醉，不多時，喝得興起，道兄一拍老衲的肩，道，老兄，實不相瞞，我紙鴿子練武練了三、四十年，拜過八位名師，學過十大絕技，一身功夫，只可惜埋沒荒野，無人聞問。

老衲練武不行，但看人練武那是最有絕大興致的，一聽紙鴿道兄居然拜過學過如此諸多絕學絕技，當然雙眼放光，立時要糾纏著他當下示範幾招，以飽老衲眼福，而道兄也不推辭，拉開桌椅，便在小客棧中示範了幾來，一套打來，他意猶未盡，又打一套，堪堪把十大套拳都打完之後，又開始比畫刀槍劍棍，又是一套一套，紙鴿道兄不但拳套子兵器套子多，理論也是一套一套的，前言不對後語，足足與老衲講了三天三夜，才大致說了個開頭。

老衲當時不好掃了道兄興致，硬撐著把他一套一套的理論聽完，聽完以後，紙鴿道兄興致沖沖地問老衲：「老兄，怎麼樣，我的功夫不錯吧？你評評，是不是足夠進入全中國十大武術高手之一？老實說，我一直想拍電影與教舞蹈，我……」，道兄正說到一半，老衲便插嘴打斷，道：紙鴿道兄，聽俺一言，你的功夫只有八個字可以形容，叫做「裝腔作勢，天下第一」，若想往拍電影或者教舞蹈發展，那麼是綽綽有餘，但若是要進入全中國十大高手之列，恐怕有些吃力。

紙鴿道兄聽完，默默點頭，可表情有些悻悻然，老衲又道：尊師當年親筆點名紙鴿二字，真是有先見之明，道兄問道：何解？老衲解釋道：紙鴿乃是和平之意，武功這種殺伐的東西，到道兄手上，都一轉變成了和平之拳，和平之劍，不簡單，不簡單，這才是真正高明的極致武學。

紙鴿道兄當時聽完老衲解釋，哈哈一笑，轉怒為喜，樂不可支，敬了老衲一杯酒，於是結束了這個話題。

悠悠數十年過去，時逢庚子中秋佳節，老衲看完特務老教官的錄影帶後，忍不住想起了已然過世的紙鴿道兄，長嘆一聲，真是想問，為何中國傳武圈很多「大師」，都是如紙鴿道兄一般，師承拳架與理論都是一套又一套，可是實際動作起來都是花架子，紙糊的功夫，老態畢現，力道軟慢，身手與一般沒有經過訓練過的人無異，而特務老教官雖然不被稱之為大師，可人家身手之快，反應之準，處理對手從來都是未經思考的自然反射，這樣的一身驚人武功，不過只是被稱一聲「教官」，這是多麼平凡的不平凡。

屈指數來，紙鴿道兄早已謝世，而特務老教官算一算若還在世，當也有八九十歲，離棺材不遠矣，看著中秋明月，老衲心想，若俺到哪天六七十歲時，希望還能對武功保持一顆純淨坦白的心，寧願被稱作教官教練，也別叫俺大師宗師，這年頭大師多如狗，宗師滿街走，不值錢也，還不如一身絕技快如電閃雷轟，自得自樂，賞心悅目，來得踏實心安。

獨孤前輩的鴻門宴

外甥打燈籠，照舊，先說一個故事吸引各位看官注意力。

老衲今年犯太歲，奇事頗多，過年前忽然接到一個大哥來電話，問老衲道可有興趣與一位前輩吃個飯？老衲問，是何前輩？大哥說道，這前輩複姓獨孤，生平善使玄鐵重劍，功夫大巧若拙，返璞歸真，你可願意一聚？老衲一聽，哈哈大笑，俺向來自命楊過小子，與獨孤前輩一見，何樂不為？

豈知宴無好宴，一見獨孤前輩，他老人家便指著老衲鼻子大罵：「我看你這人日日一文，心思散慢，狀態根本不對，談何練武？」

聽獨孤前輩如此相責，老衲是一點也不生氣，一笑說道：「前輩說的是，俺這狀態的確不是修煉武道應有的狀態，老衲俗事煩心，眷戀紅塵，尚有許多名利場中的疑難得要解決，說白了，俺還在為日日三餐，遮風避雨煩惱呢，談何練武，談何進入狀態？」

獨孤前輩聽了老衲如此解釋，登時氣緩，兩人天南地北聊起天來，頗為投契，老衲跟著解釋道：「俺寫這文，是為了正本清源，否則在現代，傳統武術被妖魔小丑扭曲得簡直不成人形，沒有老衲出來罵罵，後生小子們更容易被一群癟三蠱惑啊！當然，老衲的拳理不一定全對，可相比癟三大師們的玄虛怪論，自認還是勝得半籌的。」

獨孤前輩聽完，連連稱是，忽發感慨說道，當今人心不古，真正的傳統武道不知如何才能傳得下去？

老衲故事說到此處為止，回頭說說，傳統武道究竟是個甚麼東西？老衲以為，真正的傳統武道，修煉的是一個人的精氣神，並將這精氣神與天地合一，這東西與現代搏擊完全不同，並不是你打我一拳，我還你一腿的東西，而是將渾身的精氣神熔煉為一，獨立於天地，又相合於天地。

老衲小時候與師父學武時，少不了挨師父的打，最令老衲印象深刻的是，俺師一準備出手，渾身的精氣神像是一把出鞘的開鋒武士刀對著你，你動都不敢一動，當然啦，現代講這東西，很多人根本沒見過，所以張嘴就罵說：要不，上擂台試試？老衲實在深為這些人的淺薄無知可惜，不過井底之蛙之所以為井底之蛙，必有其可憐可恨之處，就讓他們繼續哇哇亂叫吧。

老衲素喜研究現代搏擊的擂台打法，老在思考如何讓傳統武術在這個現代社會中生存下去，私見以為，擂台比武是唯一的出路，可這東西其實並不能代表真正傳統的武道，真正的傳統武道，是真劍勝負一觸即發的東西，真的不是打個幾回合計分拳腳的東西。

再說一個旁證，老衲的師父當年交代，真正練武，是要躲在深山無人處修行的，老衲原以為這是孤論，後來見到八步螳螂門的張君豪先生撰文，記載田貝康廣老師修煉通臂拳時，也是入山修行的，又忽然想到，開創極真空手道的大山倍達先生，當年亦曾入山潛心修武，這些先輩到底在山中煉些甚麼？現代還有後生小輩們關心嗎？

不過值得一提的是，武道這東西，是殺人刀也是活人劍，一體兩用，如果偏執一隅追求殺人刀的話，人要癲狂的，老一輩傳的所謂「走火入魔」便是如此，至於活人劍，活的是甚麼？身體健康心肝白胖而已嗎？哈哈哈哈，其中有許多對生命的不可思議處，老衲就不瞎說了。

如果明白這些，便明白獨孤前輩所說所擔憂的，真正的傳統武道很難在現代社會中傳承下去，不是技藝難學，而是人心不古，現代社會中還有後生小輩，不好高騖遠，不腦思繁亂，能夠日日夜夜一心一意追求武道嗎？以老衲管見，恐怕是少之又少的。

最後說回那次鴻門宴，獨孤前輩與老衲一聊，最後忍不住問道：「老衲你一天到底花多長時間寫文？」老衲哈哈大笑，說道：「寫文簡單，這種狗屁文章每寫一篇不超過兩刻鐘，老衲生平換過無數筆名，劇本小說乃至於散文詩集都寫過，寫作技藝早已磨得滾瓜爛熟，只不過沒紅而已，從前尊敬武道，所以刻意保持距離不寫武功相關的雜文，誰知一寫之下，洛陽紙貴，轟傳一時，倒是當初始料不及的了。」

獨孤前輩見老衲如此猖狂，忍不住繼續追問道：「老衲你……究竟還有甚麼其他筆名？一併說來聽聽可否？」

老衲做個鬼臉，吐吐舌頭，說：

「俺生性低調，又喜神祕，哪能這麼輕易告訴您呢？哈哈哈哈！」

北方神術的傳人

遇見新的朋友，一見如故，當然開心，更開心的是又多理解一門學問，練武無論何門何派，「得真傳」這三字重要，跟馬路學生討教或跟入門弟子討教，完全是兩回事。

一直久聞大名，可是從未見過真人演繹，居然有緣份得見北方神術的胖瘦二頭陀的徒弟，與老衲不吝分享，俺真是累世修來的福份，奇遇連連，阿彌陀佛。

瞭解得越多，越感覺自個的渺小，塵埃也，蜉蝣也，世界之大，高手如雲，各自有各自的精彩。

其實不管是練武還是寫作，都在處理三個問題，我是誰，我從哪裏來，我到哪裏去，又其實不是只有我而已，因為你我他都是連結在一起的，「沒有人是一座孤島」，不是嗎？

藉助厲害的夥伴之力，再更多挖深一點生命，這才是最開心的事。

圓與鬍生

其實一直相信，又其實不敢相信，生命有很多不能用五感感知卻又真實存在的事物，所以每一次遇上都覺得是很寶貴的人生經驗。

老衲最近認識一位新朋友，一把鬍子生得真是好看，威風得不得了，陽剛之美也，與時下許多花艷美男大不相同，忍不住想到程靈素與胡斐曾經說過的話，又想到十年之後胡斐留著一把鬍子在遼東絕頂上鑽了出來，那氣派，那威風，與那心情心事，浮想聯翩，簡直無法專心聊天，直到新朋友一句話把老衲拉了回來，「其實我最喜歡的是胡一刀的故事」，老衲聽了哈哈大笑，心想，說得好，便叫你鬍生吧。

鬍生最近有個案子想找老衲合作，問老衲意下如何，老衲大笑，說，你這鬍子生得那麼美，咱倆合作當然沒問題，鬍生是爽快人，道，酷，我開車去接你，到我家中好好細談，這一談八九小時，還勞煩鬍生的美麗娘子幫老衲烤了兩個飯糰充飢，這才把案子的大致規格確定，這案子真是個很有意思的東西，之後若成，再寫出來與大夥一樂。

說到鬍生，也是個妙人，他煉的功夫極其少見，俺師當年曾說，他一生比武無數，可是曾聽老前輩說過有一種奇絕的「純陰之體」功夫，他是一輩子沒碰上，老衲當時便問那是個什麼東西？俺師道，故老相傳，有一種功夫練上身之後，通體純陰，但也威力巨大，他一直在想那是個什麼道理，可是沒真遇上，所以也無法揣測實際為何，老衲當時說，什麼狗屁通體純陰，聽也聽不懂，有純陰，難道還有通體純陽嗎？俺師笑了笑，道，傻孩子，陰陽只是比喻，咱練的心意六合拳，是如綿裹鐵的功夫，在古人那說來，便是陰中含陽了，連這也聽不懂，真是傻。

老衲呵呵大笑，說，俺才不傻，是古人喜歡繞口令，猜謎語，哪能怪俺不懂呢，又說，如果如綿裹鐵是陰中含陽，那通體純陰不就是一團綿花了嘛，哪還能打架啊？俺師搖搖頭，道，天下之大，奇人輩出，你千萬不可作如此想，當年與我說這純陰之體功夫的老前輩，是肯定見識過這種功夫的，現代失傳了，也未可知，但你沒好好跑過江湖，眼界差得很，根本沒資格去評價老前輩們說的東西是對是錯。

老衲當時唯唯諾諾，也就這麼敷衍師父過去了，豈知數十年之後，遇上翳生，一試他功夫，居然便是俺師喟嘆始終緣慳一面的純陰之體，果然是純陰無陽，可是威力巨大，與師父當年聽老前輩說的狀態一模一樣，心底不禁大罵自個兒沒見識，王八蛋，當年口無遮攔，想也沒想便給師父頂了回去，說好聽是年少輕狂，說難聽便是井底之蛙，還呱呱呱亂叫呢。

（說到此處，岔開一說，老衲本來對許多小人在背後說俺閒話感到不忿，後來一想，老

衲其實也是井底之蛙，常常王八蛋得不得了，也就心平氣和，登時氣緩，哈哈哈哈）

回頭說到這純陰之體，這純陰的功夫神奇至極，變幻莫測，老衲還沒搞懂，等有天懂了再寫出來與大夥分享，不過，有件小事倒是可以先說說。

前幾日老衲在鬍生家中時，聊到武功，兩人正說得興高采烈，老衲表情與動作都沒動，心底偷偷「調」了一下，沒想到鬍生馬上感知，正如小說中說的，說得遲、那時快——

「你把圓張開了。」

「咿，你有感覺？」

「當然，極其猛烈，不是一般人。」

「他奶奶的，這東西還真的有啊！」

「你說呢？人的本能。」

鬍生最近在斷食，老衲心想，看來身體與心念很乾淨的人，能啟用的生物本能遠遠超乎俺原來的想像，阿彌陀佛，又學到了一課，善哉。

淺談孫祿堂前輩，上篇

提到孫祿堂老先生，熟知民國武術史的人肯定不會陌生，不過考慮到許多看官並非武林中人，老衲在此還是簡略說說孫老先生何許人也，不過有句話說在前頭，老衲向來不愛看正式武史紀錄，所以以下所說絕非真實歷史，都只是老衲小時候聽武行中老前輩瞎侃的，未必是真，有志於武史研究的朋友不必較真，當小說故事看即可。

孫祿堂老先生本名孫福全，出生於咸豐十年（一八六〇年），那是太平天國覆滅前四年，正是中國內外戰亂交加的時節，他是河北完縣人，六七歲時父親就過世了，家中一貧如洗，他為了免受鄉里惡霸欺侮老母，便開始習練武術，據說孫氏幼年時曾受不了窮困與欺侮而輕生，幸得貴人救治活轉，他最初的東西練得很雜，大約是北少林一脈的功夫，輕功、散手、暗器、點穴（急所術），甚至是一些軍中武藝槍術刀術等均有涉獵，給他打下了日後厚實的武學基礎。

孫氏約十二三歲時，拜在李奎垣門下習形意拳技，李師以書記維生，見孫氏天賦好，人品高，且為人聰穎機警，日後前途不可限量，不願耽誤孫氏，故將孫氏介紹給自個兒的老師郭雲深調教，不過孫祿堂終其一生，始終稱郭老為「師爺」，仍尊李師為師，不願亂攀輩分，這是孫氏令人十分欽佩的地方。

孫氏年輕時，曾寄居在親戚家中開的毛筆行中做工，累積經濟基礎，生活才安定下來，在此一時期孫氏自學甚勤，學練書法，尤精易經，老衲以為這時期，是孫氏一生最重要的時期，孫氏後來能夠出版多種武術書籍，又能給人提筆寫字，進而結交上流社會有力人士，全賴這一時期在毛筆行中學文學字，給他打下的國學素養，若是孫氏沒有這時期打下的國學素養，那麼終其一生，他或許會是個武功絕頂的大高手，但名聲絕不會若後來這樣響亮，人的一生，許多事情發生時當下去看或許沒有意義，但事後回想，會覺得環環相扣，缺一不可，這真是生命的奧妙之處。

約在一八九四年間，中日爆發甲午戰爭的那一年，各地動亂頻傳，但孫氏仍堅持武藝上的修行之路，前往北京進修求學，到北京後，他找上了當時最出名的內家高手程廷華，拜師學練八卦掌，程廷華是當年八卦門祖師爺董海川的二徒弟，家中行三，老衲曾寫過一篇關於董海川老師的小說，極好看，叫做《說說八卦的八卦》，那故事裏頭的「程三」一角，便是影射程廷華的。

據孫祿堂的徒弟姜容樵的書中記載，孫氏在程師門下只學了不到三年，已成程師門下群儕之冠，可知其用功之深與天賦之佳，當然，孫氏自小的功底與形意拳的基礎，非一般人可及，自然也對他在八卦門武功上的認知有所助益。

老一輩傳聞，孫氏在學成八卦門之後亦曾往蜀中峨嵋山一帶遊歷，得到世外高人道功的傳授，並在山中修行過一陣子，這才返回河北老家。

孫氏除了自我在武功上的修行之外，他早在二十八歲時，有感於中國內憂外患，人民必須奮起，砥礪體魄以對抗外侮，故在老家創辦「蒲陽拳社」，這蒲陽拳社，可能是近代中國第一間武術學校（約在一八八八年），這間武術學校，比天津武士會與滬上的精武會更早（這兩間約在一九一〇年才開辦），開了中國私辦武術學校之先河。

老衲以為，孫祿堂老先生作為一個武術家，其更有意義的身分是一名武術教育家，能在當時國家內外動亂中覷到武術學校的機會，目光卓絕，的是一號承先啟後的絕頂人物。

（後按：一八八八年清光緒大婚宣告親政，此後十年，即石破天驚的戊戌政變那一年，六君子血濺菜市口，六君子之首名喚譚嗣同，雖是文人，卻與北京著名武術家大刀王五是好朋友，當年譚氏希望說動光緒皇帝給中國來一場徹頭徹尾的改造，以免中國繼續為國際列強所侮，可惜此舉遭慈禧太后所察，把為首的六個帶頭的抓起來砍頭，謂之戊戌政變，這段故事，李敖大師曾寫成一本精彩的小說，叫做《北京法源寺》，有興趣者可以一觀。

又，套一句衛斯理的話，以上所說與本文全不相干，可以略過不看。）

淺談孫祿堂前輩，中篇

上回說到孫祿堂當年開辦的蒲陽拳社，為中國第一間民間私辦的武術學校，在老家蒲陽拳社成功之後孫氏繼續往京津辦學，並也至北方數軍閥處執教，其後受聘於中央國術館、江蘇國術館等，孫氏一生徒弟眾多，且均為一時之選，可知孫氏教學法之成功，很多武術家只是自個會打，但教不出人才，孫氏不但自個兒能練，並且也善於教授，孫氏著名的徒弟中有齊公博（一個三體式站三年，人稱活電瓶，可知其內勁之迅猛）、朱國福（中國傳武融合拳擊與形意拳第一人）、朱國祿（國福之弟，杭州大賽第二名）、李玉琳（郝恩光徒，再受孫氏指點提升）、鄭懷賢（善飛叉，曾赴德國柏林於一九三六年奧運會表演）、曹晏海（原習通臂與劈掛，孫氏再教他腿法，曹為杭州大賽第四名）、陳微明（前清舉人，亦是楊澄甫徒）、支燮堂等人，另有家傳子孫存周、女孫劍雲。

對了，上述一九二九年的杭州大賽中，徒手搏擊第七名即為中央國術館第一屆第一名畢業的韓慶堂先生，韓老後來跟著蔣氏政府來到台灣，是台灣老一輩武術家中，少數親身見證杭州大賽的耆老。

除了善於授徒之外，孫氏亦善於寫作，先後出版了《形意拳學》、《八卦拳學》、《太極拳學》、《拳意述真》、《八卦劍學》等書，據說孫氏另有遺著《八卦槍學》一書，寫的是八卦門七星竿雙頭槍的東西，據說為人所竊，所以沒有出版，殊為可惜。

細心的看官肯定發現，欸，孫氏不是只有練形意、八卦兩門？怎麼寫出了《太極拳學》一書呢？這又是另一段故事了，且聽老衲慢慢講來。

據說，孫祿堂形意、八卦兩門武藝技成之後，仍四處尋師，據說他與通臂門張策交好，欲與之換藝，融通臂、形意、八卦為一爐，為張策所婉拒，後孫氏又詢太極門楊澄甫先生，想融太極、形意、八卦為一門，又為楊澄甫婉拒，這願望直到孫氏五十多歲時，遇郝氏太極的郝為真先生方遂，孫氏得郝為真所傳太極拳後，融合原本的形意八卦兩門，正式提出了一個理論叫「三拳合一」，即是可以將形意、八卦、太極合練，孫氏認為這三門拳法內在道理相通，故可以合為一門，基本上後來的孫氏一門都是這樣習練的，孫氏此論影響後世甚巨，所以到後來即使不是孫門傳人，也有許多形意、八卦兩門的傳人，將此三拳都學到身上合練。

從以上經歷可知，孫氏不但是一個好老師，更是一個好學生，不但以教武為職業，還能為了自個的武學理想，在五十多歲時（約一九一二年）仍折節下拜，再多學一門拳藝，以完成本門體系，這在武行中真是個不容易的事兒。

忽然想到，據說孫氏原本是希望融合通臂、形意、八卦為一門，其實這個想法在當時不是孤論，在同一時期的螳螂拳大家姜化龍也有此舉，並找了八卦門王宗慶，通臂、形意門陳德善，三人共同研究出一種新的拳法，名曰「八步螳螂拳」，姜氏後來將此拳傳給馮環義，馮氏再傳給衛笑堂老師（以上約是一九一二年至一九一七年事），此拳隨衛老師輾轉來到台灣，後又傳遍世界各地，現在基本上全世界可見到之八步螳螂，都是由衛老師的傳人們從台灣傳出的，可知緣份之奇妙。

衛笑堂老師傳出來的八步螳螂拳，舒展大方，勁力雄渾，以步帶捽，的確融合了形意、八卦、通臂諸技的特點，與原始的七星、梅花螳螂不似，也與林世春傳出的六合螳螂有別，在拳史上是前人十分有意義的一次融合與嘗試。

老衲時常感嘆，台灣雖小，可是蘊含之中華文化力量頗深，十數年前遇到科幻專家葉李華，葉老師戲稱台灣與大陸的關係，好比艾西莫夫小說中的基地與帝國，也是一妙論。

淺談孫祿堂前輩，下篇

老衲上回說到，孫祿堂先生是近代第一位提倡內家三拳合練的武術家，他有一個比喻相當精妙，說「形意是鐵球，八卦如盤絲球，太極似皮球」，把三家拳法俱比為球，其理一也，都是在練那個球。

除了三拳合一之外，老衲個人以為，其實孫氏在近代拳史中最大的貢獻，乃是提出「武藝與道藝本為一體」，在此之前，有許多前人的論述，基本上還是將武藝與道藝分為兩件事，到了孫祿堂手上，他明確地提出武藝與道藝一體，不應強分為二。

說到這，很多人開始疑惑了，究竟甚麼叫做「武藝與道藝本為一體」呢？孫氏的書中有多處提到，不過原文是文言文，意思不易理解，很多現代人古文功底不夠，本身功夫也沒練到此處，所以開始胡編瞎造，甚至憑此為依據吹牛招生。

再往下深講時，老衲先拐過彎來，說說另一件小事，日前老衲因為一點自個的私事，要請武行中的前輩石老師吃飯，豈知石師見到老衲，飯也不吃，拉著老衲進了星巴克，一杯咖啡談了好幾個小時拳，交換彼此武學心得，不亦快哉，把請吃飯這俗事完全拋在腦後。

石師跟老衲談了些甚麼呢？其實石師翻來覆去就是講一句話，「武藝與道藝只隔一面紗」，此話與孫祿堂先生的拳論頗有相通之處，很有意思，只是現代人這麼練拳的很少了。

老衲練拳，向來不去思考武藝與道藝之別，胡亂瞎練一通便算，一聽石老師這句話，腦子裏一下便被難住了，想了幾天，又練了幾天，終於勉強能講出一個自個兒的體會，這個體會非關他人，只是老衲的一家之言。

所謂「武藝與道藝只隔一面紗」，這面紗究竟是甚麼呢？老衲以為，其實就是「氣血」，武藝是以氣血行功，鍛鍊筋骨皮，打熬筋骨，使槍弄拳，練的其實都是氣血，而道藝呢？道藝的初階也是以氣血行功，但是再往深練，便是血不動而氣自行，甚至是氣也不動，其他的一些東西在動了。

如果練通了這個道理（武功一道想是想不通的，只有練才能通），那便知道石師所謂「武藝與道藝只隔一面紗」講的是甚麼，也知道孫祿堂先生說的「武藝與道藝本為一體」是甚麼了，一點不玄虛，是不是？

再講一個比喻，這好比擒拿術的分筋錯骨，與接骨整復的醫療技術，其實也是一體兩面，只隔一面紗而已，一個往錯位的方向卸，一個往正位的方向合，本來就是同一個技術，是不是？

當然，也有人認為以上說的是謬論，擒拿就是擒拿，接骨就是接骨，不管名詞怎麼說，這還是兩門技術，以此類推，所以武藝是武藝，道藝是道藝，這兩門東西還是有各自的專門玩意，這樣講當然也是正論，老衲以為，沒毛病的，學問都是客觀存在，端看如何理解而已。

孫祿堂先生提出「武藝與道藝本為一體」，的確是他對武學的重大貢獻，不過老衲以為，這個貢獻在於提出了一個新的觀點去重新詮釋拳藝，而非是「武藝與道藝合練才是高明的練法」，因為不管怎麼練，東西都是在那的，絕不會因為你主觀的理解而有偏差，老衲一直很喜歡徐皓峰老師的一句話——「無論是否知覺，每個人都在修行的道路上」。

忽然想到前幾日有朋友問，練功是否有分小孩兒適合的或是老人適合的？老衲以為，這是急功與緩功的差別，若不懂功中的氣血怎麼走，急功與緩功都容易練傷，若是懂了功中的氣血怎麼走向，急功與緩功，都不容易練傷的，這也能側面反應，許多人不懂得氣血的走向與規律，所以即使做同樣的功法訓練如石鎖石棒，有些人容易練傷，有些人不會，除了姿勢上的問題外，其實還有一層面是氣血上的。

當然啦，以上所說限於老衲功夫尚淺，談的都是一己知道的常識，最粗淺的功夫而已，很多高大上的神功，老衲是一點不通的，不但不通，也根本不想去通它，做人嘛，無求最大，無欲則剛，是不是？

又忽然再想到，肯定有人想問老衲道藝練得如何了？其實老衲完全不會，每次被問到都說是「四不」「二沒有」，「四不」是不講不練不教不看，「二沒有」是一沒有氣感二沒有神通，老衲練功只求兩件事，一要可以流汗排毒，二要能夠刺激肌肉緊實有彈性，希望九十二歲時看起來像二十九歲，與天山童姥前輩看齊，哈哈哈哈！

穆老點評形意八卦門諸師

俄羅斯文學大作《安娜．卡列尼娜》中有一句名言，叫做：「幸福的家庭都是相似的，不幸的家庭則各有各的不幸」，這句話如果套用在武功上，便變成了「真傳的功夫都是相似的，假傳的功夫則各有各的盲點。」

老衲用一個最近發生的故事來解釋以上這句話。

老衲年少國際網路剛剛開放時，心如脫韁野馬，在網際網路上著實沈迷了好一陣子，看遍各式各樣的中外武功，好不快活，當時雖然只有文字，但已足夠令人心蕩神馳，而因緣際會，也自網上認識了一位山東七星螳螂的少年高手，彼此一聊之下十分投契，該君的七星螳螂祖師爺，曾陪韓慕俠去打康泰爾，故知道不少武林內幕，兩人練功之餘聊聊祖師爺們的小道八卦，頗為調劑，所以雖未蒙面，但已結為好友。

此君還有一項專長，便是他祖傳的八字推命，據他說這門功夫，是他爺爺輩冒死從清宮裏學出來的一門絕學，靈驗非凡，而他以算命為業，跑遍神州各省豪富之家，飛機接送，故而見聞廣博，不在話下，當然以上所述，為他自說自話，老衲不知真假，但老衲曾給他推過命，此後十年間無不命中，所以對他的神算功夫十分佩服，以下行文便稱他為神算子吧！

神算子的這門清宮八字推命法十分奇特，生辰八字需精細到時分，他排盤之後，還需以生理特徵驗證，才能往後推命，何謂生理特徵驗證？比如說：「脅下是否有痣？」、「屁股是否有塊紅胎記？」等等，待驗證完生理特徵之後，即刻開始推命，鑑往知來，無不神中，堪稱絕學。

（岔開一句，老衲知道江湖上有一種算命法為江相派，以軍馬行誘，不過神算子只問生理特徵不涉其他，應該不是江相派的軍馬才對。）

閒話休敘，話說當年神算子與老衲訂交之後，彼此天涯南北各忙其事，很長一段時間沒有聯繫，前幾日不知為何，神算子忽然加了老衲微信，又是天南地北的聊將起來，不過，老衲向來為人低調，與神算子什麼都聊，就是沒告訴他俺近來開了個版名震江湖，褒貶各半，哈哈哈哈，老人家的小心思，總是希望自個兒的名聲是旁人幫忙傳的，而不是自個自吹自播的。

神算子聊到，他近十年改修形意拳，拜師穆老師，穆老師早年移民歐美，生意也做遍歐美，而他的形意拳，是來自天津國術館的正宗真傳，穆老師的師承一脈名氣極響，老衲就不幫他吹捧了。

穆老師近年來衣食豐足，所以除了在歐美私開教場對洋人授課之外，也常回到中國，指點國內後進好學者，神算子慕名拜在穆老師門下學習，靠著他原本七星螳螂的深厚善打功底，一下子跟穆老師混得滾熟，從穆老師口中問出不少他心中對各門形意，與各門八卦的拳師評價，看官們要知道，一般在武行之中，對同行評價是大忌，即使心中有褒貶，但是口中多半都是好來好去，除非是極相熟之人，否則很難聽到一成名拳師，對另一個成名拳師的真實評價的。

聽神算子道，在穆老師心中，甲老師教形意八卦，可是混進太多合氣道的東西，學日本人那套，技藝不純，而乙老師又比甲老師略高，可是只擅打法，功力不純，而說到八卦門功力之高，穆老師說，他當年遍數兩岸三地，心中認為只有蒲老可稱第一把手，其餘拳師各擅勝場，但論功力精純，無人勝得過蒲老。

老衲一聽此話，大為感動，感動所為何來？蓋因蒲老正是老衲的八卦掌授業恩師，雖然老衲後來主修心意六合拳去了，但是對於蒲老當年的傳藝之恩，是點滴在心的，雖然老衲並不認為蒲老是兩岸三地八卦門第一把手，但聽到有同行如此盛讚俺師，老衲是心懷感恩與感動的。

老衲問道，印象中，蒲老與穆老師素不相識，弟子間也並無往來，何以穆老師會知道蒲老的功夫呢？神算子說，穆老師當年得到過一卷外流錄影帶，裏頭是蒲老教徒弟的課堂紀錄，穆老師看了以後，一口咬定此人功力高絕，其餘也沒再細講。

老衲不禁感嘆，當今之世，練武的人有如此胸襟真不容易，踩別人罵別人容易，讚別人一句好是難上加難，穆老師光是有如此胸襟格局，做人之道已在庸碌俗人之上，拳學小道而已，能不精乎？

當然啦，以上故事純屬老衲瞎掰，看官們不喜，不看可也，老衲少年受教蒲老時，蒲老常說一句話，叫：「高看低的不要看，低看高的看不到。」老衲實在不知道，很多看官喜歡看老衲的拳學心得，又喜歡將老衲的文章貶得一無是處，這到底是低看高，還是高看低呢？

哈哈哈哈！

打架奇才與打擂奇才

老衲最近收了一個新徒弟，極擅打擂，拳賽經驗豐富，人品好，悟性高，因緣際會，看上老衲的心意六合拳，跑來找老衲一起練練。

老衲原本也沒上心，隨手一教，豈知這徒兒居然讓俺大吃一驚，教一個身法，他回頭就在規則對打中用出來，再教一個打法，他轉身又在約束練習中輕鬆用上，真是打中能手，信手捻來都是拳，老衲每次教他，才剛剛講完上半句，他已可以接完下半句，連帶著將俺的言外之意也說得清清楚楚，老衲向來不服人，遇到這等情況，也只能連連拱手，高喊「老衲拜服」不可。

因著這件小事，讓老衲有幾點沒關聯的想法，想寫出來與各位看官分享，那就是「在這個世代裏，咱練武究竟圖個啥？」

老衲首先想到俺師父，俺師父是天生打架奇才，越打越是興奮，越危險越是開心，十幾年江湖血鬥無數，立下赫赫威名，他老人家一知道要動手，臉上便顯笑意，看得敵人膽顫心寒，但這特點他自個兒反倒是不知，還是幾個朋友觀察後告訴他的。

說完俺師，再講俺徒，俺這新收徒兒是打擂天才，當年俺師傳老衲拳法時，曾諄諄告誡，說這真傳的心意六合是黑拳，並不適合有規則性的打擂比賽，結果這話到了俺徒手上，被他完全摔爛打破，什麼勁法身法打法傳給他，他隨手一變，便成為適合擂臺規則的形式應用，真是天才拳手無疑，老衲極愛師父，但師父說心意六合不適合擂台的這句話，可真正說錯了，這點非關人事情感，而是就事論事。

俺師擅打架，俺徒擅打擂，說到老衲呢，俺這人是一不打架二不打擂，練武圖個啥呢？就圖個樂子唄，好比吃喝嫖賭，好比抽菸喝茶，人生四大樂，抽菸喝茶嫖妓賭博，圖個啥呢？就圖個樂子，老衲練武，亦復如是。

忽然想到，近來聽說很多人在私下對老衲寫的拳理辯駁起來，爭個面紅耳赤，其實真沒這必要，老衲寫拳理，只是抒發一下情感，隨口胡說一番，是對是錯老衲自個兒也不知道，寫文章這玩意好比練武，練武這玩意又好比抽菸喝茶嫖妓賭博，都只是圖個樂子嘛！人生苦短，何必認真？

人生，最重要的就是認清楚自個兒的定位，從哪裏來，到哪裏去，俺師與俺徒，都是英雄人物，俺拍馬也趕不上的，不過勉強一說的話，他倆都是選手型，俺是教練型，教練教練，就是教別人練嘛，自個練不練倒是其次。

又忽然想到，很多人喜歡追究練武的意義與價值，老衲以為真沒這必要，武功本身是沒有任何意義與價值的，有價值與意義的是人，文化本身也是沒有任何意義與價值的，有價值與意義的其實還是人，古話早說了，人能弘道，非道弘人，一切的價值與意義都是你主觀賦予的，拉開我執，其實當下就已證道，證道就是法喜，法喜就是快樂，還要啥另外的價值與意義呢？

浮想聯翩，越說越亂，最近發現傳武圈有許多年輕人對傳武仍懷有極大抱負與夢想，遠勝老衲這等老屁股老骨頭，所謂長江後浪推前浪便是這樣的吧，誰說傳武一代不如一代呢？年輕一代也許功夫還沒下夠，但是他們的想法與執行力，是遠勝許多老一輩的武術家的，這點老衲看盡這幾十年來傳武圈的滄海桑田，真是有很大感慨與反思。

話又另一說，古人的功夫的確高，的確深，今人得到真傳，好好將古人的功夫重現出來，固然是一壯舉，不過老衲更想知道的是，古人的技藝如何在新時代中進化繼而生存下去？古時打架，今時打擂，已然是一種進化，但除了打架與打擂之外，咱們修煉武功，還能不能有其他更形而上或形而下的目的？又或者學學老衲，練武本身沒有目的，把練武本身就當作是目的，就當作是如吃喝嫖賭一般地玩玩，卻又如何呢？

（後按：本文寫於二〇二〇年四月十四日，文中的「新徒弟」即為台灣著名傳武流搏擊選手，有戰鬼稱號的奇拉拉，有興趣的朋友可以多關注奇拉拉的賽場表現。）

三大金剛的膂力

老衲這人常發生怪事；其實早八百年前就指天發誓不再重入武林，沒想到去年底被高永齡鼓動，好玩寫了個版，造成江湖上一陣騷動，於是一發不可收拾，還附帶著收了幾個有趣的小朋友當徒弟；如此一來，只好將早就不練的武功又重拾起來練一練，免得在徒弟面前被打得鼻青臉腫，太過跌股。

這幾個有趣的小朋友當中，除了奇拉拉以外，最有趣的莫過於是被老衲戲稱是「三大金剛」的三人組，這三個人一個是搬鋼琴的霍小弟，一個是搬冷氣機的大樹，還有一個便是最近開甕烤地瓜，天天搬甕扛地瓜的布萊恩了。

為什麼叫這三個人三大金剛呢？因為這三個人日常都是做粗工出身。這種人有一個特點，就是寓勞動於工作之中，天天工作等於天天在訓練，因此本力很大；俗話說一膽二力三功夫，只要在力量上一佔便宜，武功練起來自然不會差到哪去；清末民初有許多武術家都是此類人，如推煤車出身的尚雲祥，如趕馬車賣皮貨的買壯圖等等，別的不說，就單說那名氣最響的李書文，也是丈二大槍天天六百槍，熬養出力氣了，才好練功。

不過呢，練武功這玩意畢竟不同於粗活，還是需要講些竅門的，並非一味蠻幹就可；否則的話，武功豈不是一點味道也沒有了嗎？哈哈！

還是說回老衲的三大金剛，這三人的本力都挺大的，體格也壯；霍小弟的體格是傳統摔跤中說的「同田貫日」中的「田」字形，整個人幾乎是方的，長與寬相等，天生打架有優勢；而布萊恩與大樹都是高壯體格，一個「貫」一個「日」，都比老衲長得高得多；布萊恩大約是標準搏擊的輕重量級到重量級的體格；大樹略瘦一些，不過爆發力與反應很好，都是練武的好苗子。

這三個人除了霍小弟做人比較老實之外，大樹與布萊恩剛來找老衲練拳的時候，看老衲一臉文弱書生的模樣，大概心中都有懷疑，常常偷偷想找老衲試招；大樹剛來的時候，甚至直接站到老衲面前說，衲師父我想被你打一拳試試看。

正常來說，老衲從不喜歡這種刻意示範；不過剛巧那天心情好，二話不說當胸給了大樹一拳，大樹後來說，他胸口痛了兩三個禮拜，怎麼弄怎麼喬怎麼推拿都只能復原七成，剩下三成在裏頭隱隱作痛，問老衲是怎麼辦到的？老衲聽了大吃一驚，看著雙拳，喃喃自語唸道：「他奶奶的，難道是最近《倚天屠龍記》讀多了，七傷拳略有小成？！」

說完大樹，問題最多的布萊恩一開始來也常常找老衲鬥力，仗著他膀粗腰圓，又是廚師出身久端鍋鑊與大甕；老衲幾次與他試勁，雖然隨手一靠一震把他彈飛起來，但他總覺得還是不夠過癮。

最近老衲又想出一招新招整治布萊恩，前幾個星期遇到他，叫他陪老衲一同跪在地上鬥力；老衲道：「俺站著把你打飛，你說這是藉著力由地起的腳上根勁，他奶奶的，俺現在跪著跟你推手撕扒試試看，用膝蓋跪地你總不能說俺是用整勁作弊了吧！」布萊恩一聽，當然手癢想試，沒提防傻傻地陪老衲一起跪在地上，伸出雙膀來弄；老衲哼一聲，出手一抓一帶，把他整個人拉扯過來匍匐於地，還差點讓他臉貼著地上磨擦。嘿嘿，這一下功夫終於把布萊恩給整服，虛心叫俺一聲衲師父，哈哈哈哈！

又過了幾個星期，布萊恩想想不對勁，跑過來偷偷問老衲道：「衲師父，怎麼可能你這等書生的身材力量卻比我還大？而且你還從來不練重訓？這其中一定有甚麼不為人知的作弊竅門。」

老衲一聽，煩不勝煩，心想你這小子有完沒完？難道就是不肯承認衲師父有點小小的微末功夫？可是轉念一想，教拳是服務業，既然拿了人家學費，可不能偷懶，只得嘆了口氣道：「好吧，訣竅告訴你；你本力雖大，可是不善使用，該用力的地方不會用力，當然鬥不過俺。」

「該用力的地方？那是哪裏？」布萊恩不死心追問。

老衲一拍他的後腰，摸著他命門兩側沿著脊椎旁的兩條筋道：「這裏，這兩條筋如果會用力，那麼好比你原來的手可以延伸到背部到後腰，力臂便比人家長一倍，用起來當然會得心應手；但這兩條筋若是不會用力，那麼你再怎麼用力，也只是雙膀本身的力量而已，鬥起力來，自然不足。」老衲頓了頓，又道：「這是心意門熊膀的秘訣，你可不要輕易告訴別人啊！」

布萊恩點點頭，一副似懂非懂的樣子，忽然雙眼一亮，繼續問道：「衲師父，既然你說是秘訣，肯定不是只有理論，而是有實際鍛鍊的功法？教我一下，我這兩天扛大甕，正扛得我背肌腰上痠痛得不得了呢！」

哎！他奶奶的，這小子怎麼就那麼會挖寶呢？

同田貫日與甲乙丙丁

上回老衲說到「同田貫日」，很多朋友感興趣，要老衲再展開說一說。俺想，眾情難卻，說一說便說一說；不過要先說在前頭的是，這都是老衲小時候跟一些老拳師老前輩喝酒亂聊的東西；喝過酒的都知道，記憶常常會被酒精干擾，所以所說的未必正確，大夥兒權當茶後談資，聽聽就好，切莫較真。

一般來說，這四個字是摔跤老師傅選徒弟的標準，認為這四種體格比較容易練得出來，打得出成績；「同」是矮壯而寬，也有人說是軀幹厚而雙臂細；「田」是身高與肩寬相等的方正型；「貫」是高壯型；而「日」是手長腳長的高瘦均勻型。以拳擊來說，泰森 Tyson 若是同型，阿里 Ali 便是日型；以政治人物來說，普丁Pútin是同字型，川普 Trump 是貫字型，林肯 Lincoln 則是是日字型，諸如此類。

除了同田貫日之外，另外還有四種體型是老師傅們不想收的，叫做「甲乙丙丁」；甲是上肢強壯下肢纖細，乙是臃腫而肥，丙是肚子裏帶三把刀的矮矬子，這種人小時候常被欺負，所以心中有恨有火（傳統認為丙字中有一火），教他功夫以後容易惹事鬧事，不如不教；最後一種丁字形是瘦竹竿型，這種人要練功夫，非下苦功不行。

很多人會問，那丁字與日字有何不同？其實同田貫日有一個核心思想，便是「四平八穩，中節強壯」，只要符合這八個字，那都是好的體格；若是反之，則是不利於打鬥的體態。

不過呢，在說完同田貫日四大體型之後，老衲還是多嘮叨兩句，再多科普一下武功的觀念；免得有些人斷章取義，誤會老衲的原意。

談到練武，其實練得好不好很大的一個決定因素是天賦；天賦這玩意好比放風箏的風一般，若是沒有風，你再怎麼跑，風箏還是飛不起來的。所以老衲常說，很多人不要一談到練武就想要變成武功高手，事實上百分之九十九的人都不會是高手，包含老衲在內，都只是一般人練個樂子而已。練武要問自己求的是甚麼？心態要健康陽光，不要有不切實際的幻想；幻想多了，年輕時還看不出毛病，到老來常顯怪病怪狀與奇怪心態，與周圍的人都格格不入，那就不好了。

說回天賦；練武的天賦按老衲講可以分為三個部分：一是心性，如老衲這般面慈手軟性格又懶散隨便的人，一開始就得刷掉；二是反應，反應這部分講的是運動神經，而運動神經又可以略分為手腳協調性、視動神經與觸動神經等等，像老衲的徒弟奇拉拉、高永齡，都算是運動神經天生比較好一些的人；這等人可以輕易做到一般人需要花時間學習的動作，老衲聽拉拉說，他在一開始學習詠春拳的時候，就可以很自然地在賽場上做出攤手伏手耕手等等詠春手法；但同時學習的人，卻不一定可以那麼輕易做出來。老衲以為，這除了苦練與經驗之外，憑良心講，拉拉的運動神經的確是略較一般人為優異的。

說完心性與反應，練武的天賦的最後一項才是體格型態，體格型態為什麼也很重要呢？因為武學其實就是一種力學原理，骨架體格的差異很顯著地會影響實際格鬥中的力矩與槓桿，好比ＵＦＣ名將 Jon Jones、Conor McGregor 等都算是在臂展上有明顯優勢的人，而在ＵＦＣ的比賽規則中，這種優勢算是相當明顯；而古代武功使用的情境迥異於擂台比賽，因此選才體格方面，就會比較偏向同田貫日的體型。

拉拉雜雜講那麼一大串，只是想表達：練武的因素有很多，同田貫日只是體格體態的部分因素，不一定是全部。

再說回同田貫日，其實這四個字老衲以為不用分那麼細，但一個核心思想是重要的：那就是練武功，無論如何中節腰腹背的位置要練的粗壯而有彈性，古人所謂丹田，今人所謂核心肌群，這樣一來才能串接上下盤不同的力而形成一個合力，中節部位好比一個萬向接頭的軸承轉接位置，其重要性怎麼強調都不為過。

（當然，即使不是天生的同田貫日體型，透過適當功法，還是可以去接近一些的。）

關於同田貫日，老衲的所知差不多說完了；忽然想到，最近老衲很多朋友都不約而同鼓吹老衲，要叫俺出山，公開授徒開班，教這門台灣沒甚麼人教的心意六合拳；老實說老衲有些猶豫，總覺得自己的功夫不夠格教武功；不過幾個常常接觸現代搏擊訓練的徒弟如奇拉拉、布萊恩等，都說老衲教的東西正統又科學，也經得起他們在搏擊場上的實際驗證，在這假傳武教學橫行的市場，多提供給傳武愛好者一個選擇，有何不可？

哎，大夥說呢？不會有人又要嘲諷老衲，說俺把武藝當生意在做了吧！

站樁的靜態結構力與王薌齋的市場行銷學

老衲這幾天忽然想到一個問題不知道大夥兒有沒有思考過？

傳統武術中，說到最具有代表性的鍛鍊模式是什麼？十之八九有人會回答樁功，也就是一種固定姿勢，靜態不動的訓練模式；有叫蹲樁的，如蹲馬步、弓步、獨立勢、撲步等等；也有叫站樁的，一般來說站樁的功法會比蹲樁高一些，為「所謂的」內家拳採用，作為入門時調勁練氣的一個手段。

蹲樁這塊，其實在傳武的範疇裏各門各派大多都有，老衲有聽說過南少林的傳人可以一蹲兩小時的（其實對古人來說，也不過就一炷香的時間，一個時辰罷了，哈哈！老衲是站著說話不腰疼），而且是九十度平馬（膝蓋角度九十度，或大腿平行地面，謂之平馬），的是高手。而另外一種標準，不以時間論長短，卻只是作為各門各派的入門功架而訓練也是有的；這一種練法時間上可長可短，比較隨性，也較為一般學者所接受。

知道蹲樁是啥以後，再講站樁。一般來說站樁的姿勢，要比蹲樁高一些，若你把蹲樁想成是蹲馬步，那站樁的高度大多在你舒服的站立雙腿只有微微彎曲的狀態，若以蹲馬步論，讓膝蓋角度在一百三十五度到九十度以內，很少有人可以蹲超過十分鐘的，但是站樁的練法則不同，站樁之中，膝蓋的角度大多在一百三十五度之外，也就是幾乎等同於日常站立的狀態，任一個人來，即使沒鍛鍊過，很容易就可以站過十分鐘。

站樁功的鍛鍊，據說過往在清末民初北京城最紅的三路內家拳——太極、八卦、形意之中早就有了，不過它真正流行起來，應該要算得上是民初武術家王薌齋的推廣。

王薌齋先生的傳聞很多，老衲聽過多種版本，不過老衲以為比較保守可信的是，在當時北京城被「內家三拳」各自霸佔切分武學教育市場的狀況，王氏喊出了一個很特別的行銷策略，手段高超，視野先進，一下子讓當時才二十多歲的他，跟北京的那票老武術家平起平坐。

這行銷策略是啥呢？第一，他先喊出來他的拳是跟郭雲深學的，諸位看官們要知道，在當時那個年代，郭雲深差不多算是那些老武術教頭、老拳師們的師伯一輩，有的可能更是師爺、師祖的那一輩，王氏一喊出來他的拳是跟郭雲深學的，立馬在傳統武林講究輩分高低的氛圍中拔得頭籌，無論你從哪一支往上推往下算，原來的那群武術教頭老拳師，在輩分上最多只是跟王氏齊平。

郭雲深何許人也？他老人家半步崩拳打天下，據說跟楊露蟬董海川都交過手，義結金蘭——除非你自認是楊露蟬董海川那輩的，否則誰也壓不過王氏。

王薌齋實際上到底是不是郭雲深的徒弟？或退一步說，王氏是不是真的有與郭雲深學過拳？至今仍有爭論。不過他這樣的市場行銷策略，的確讓他在當時的北京城打開一條縫。

打開這條縫之後，你總得要再接再厲吧！你要教什麼呢？王氏練的是形意門，但若要說教形意，當時北京皇城有尚雲祥，天津碼頭有薛顛；這兩位的功夫如何，大夥兒應該都已透過徐皓峰老師的生花妙筆得知了，都是見佛殺佛，神出鬼沒的絕頂功夫，而且尚、薛兩位老師在形意拳的教學上，早已累積了多年經驗。王氏再厲害，畢竟也只是個二十多歲的青年人，怎麼能與尚薛二師比呢？大夥兒捫心想想，若是你們要學拳，會找一個有多年教學經驗的老拳師，還是一個初出茅廬，可師承驚人，輩分奇大的青年人？

於是王氏再打出了他的第二張牌，「站樁功」，是的，王氏一開始教拳的時候，只說他教的是站樁功，而這個功本來就是形意門的內部秘傳，而八卦拳，太極拳中，也有類似的站樁功法，只是同樣的——都是秘傳，你們一般學生不一定能夠透徹理解。

在王氏後來多年的教學經驗中，他將一開始的「站樁功」一改再改，而王氏拳學的名稱，也從單純的「站樁功」，變成了「意拳」（取形意拳去掉外形之意），再變成了「大成拳」（取此拳為集其大成之意）。

當然老衲這裏只是非常粗略地提及王氏，為的是要引出這個「站樁功」，王氏當時還有許多驚人之語與奇特經歷，老衲有空再詳加介紹。

就說這個站樁功，自從王氏推廣之後異常流行，最流行的架勢就是雙手在胸前一抱，然後就這麼站著，有人說要站一炷香（一個時辰），也有人說一天至少要站四炷香，才能出功夫，少了不算。

於是，一場長達百年的內家武學爭論開始了，對於這個站樁功到底在練什麼有非常多不同門派的人參與討論，也有許多前輩大師寫出非常多的論述，一張一張紙拼湊起來，約莫可以繞地球七圈半，可知這個爭論，是多麼的引人注目與花費口舌。

站樁功實際練些甚麼動作大家可以自個兒去找前輩大師的圖譜論述，老衲就不囉唆引述，只是恰巧看到一種最流行的說法想與大夥兒研究一下。

這站樁功的訓練理論中最最流行的一種，老衲把它稱作「靜態結構力」練習說。大意是說：因為在動態的情境下結構力學不好掌握，所以先在靜態的情境下練習掌握這種結構，依此原理，產生了站樁功的練習方式。

老衲不談這種解釋對與不對，只是想問：這種「靜態結構力」無疑是好找的，但動起來的時候，真的還是一樣的嗎？在與外力碰撞的時候，真的不會唏哩嘩啦散掉嗎？若是來了蒙古跤手一推一拉，或是來個俄羅斯桑博好手一抓一翻，兩股力的互相作用下，「靜態結構」仍然存在乎？大夥兒不必回答老衲，因為真實的武學是與自己內心的真誠對話，真東西，根本不必透過與他人的辯論去了解。

「靜態結構力」是否能夠過渡到「動態結構力」？這問題有點像「舉重高手是否能夠輕易一拳打出很大的力量」？答案應該不用老衲再多嘴了吧！

八極門唐嘉駿老師的槍勁化拳

說正題以前，先聊聊老衲這個人。

老衲這個人呢，從不涉武林糾葛，原因無他，蓋因老衲的輩分太高，出身又奇，所以向來眼高於頂，目無餘子，硬要比喻的話，好比惡人谷的小魚兒合體移花宮的花無缺，大夥想想，如老衲這般的一個奇男子，又怎麼會對武林中的世俗糾葛感興趣？

不過話說回來，近幾年中，武林裏很有一些奇事，實在令人看不過眼，忍不住說兩句話，隨舉一個例子，老衲曾看一名八極拳名師公開說道，離師十數年，一直在思考八極拳的用法，一直在自我懷疑，八極拳到底能不能用？

老實說，老衲看到如此言論，實在是啼笑皆非，一方面佩服這位拳師的坦白勇氣，但另一方面又覺得相當莫名其妙，練拳，不是應該要練一個「有用」、「能用」的拳嗎？怎麼可以練了數十年，還不知道怎麼用？還在懷疑不好用？而還可以繼續以八極拳師自稱，並公開授徒？

不論人事，老衲以為，八極拳的用法傳到今日的確千奇百怪，有些人坦白說不能用不好用，有些人參入詠春螳螂甚至是翻子通臂的用法企圖混世，更有些人，乾脆棄八極而改練拳擊，然後稱拳擊便是八極，爽快直接，能打能用，此舉乍看之下令人吃驚，不過平心而論，的確也有些道理。

有些甚麼道理呢？這道理便是——反正沒人知曉八極拳真正的用法，故可以張冠李戴，魚目混珠，反正抬出「練甚麼不管，只要能用就行」的大帽子來，誰都拒絕不了，能打就是硬道理，還囉嗦甚麼呢！

不過，這樣的道理或許在旁人那裏行得通，到老衲這兒可行不通，記得嗎？老衲是惡人谷小魚兒與移花宮花無缺的合體，輩分既高，出身又奇，這種只管打不問拳根拳理的腥掛子玩意，甭想在老衲這耍弄。

閒話說完，直接切回主題，八極拳究竟應該怎麼用呢？老衲以為其實用法招式不是根本，而要返本歸元，先問問八極拳究竟是個甚麼東西？

八極拳，自古以來便是「以槍化拳」的典範拳法之一，甚麼是「以槍化拳」呢？不是出拳模仿刺槍術便叫以槍化拳，而是將原來戰陣上的使槍戳槍的槍勁，化在身上拳中，當此槍勁與拳法結合之後，出拳如重槍狠扎，其勢簡單直接而招架不得，八極門近代著名的拳師李書文先生，生平與人較技，最喜「喊招」，「喊招」是甚麼呢？就是預先告訴對手要用哪一招打他，對手雖然知曉李書文要用上哪招，可偏偏招架不得，這裏頭的道理，說白了也很簡單，那便是功大欺理，拳如重砲，你看似容易破解，一接上手，才知道完全不是那回事兒。

這個槍勁化拳的功夫說來簡單，可日日槍月月槍年年槍的功夫可不簡單，最簡單的東西其實往往最困難，現代人多半吃不了這苦，堅持不住，很多八極拳師知道要練槍，可都是嘴皮子功夫，又或是將扎槍槍勁訓練，當成是單純的重量訓練，此一想法老衲以為是差之毫釐，失之千里，古傳的大槍訓練，是融合了「心」、「體」、「技」的功夫訓練，不是單純的手臂肩膀肌肉訓練可以概括的。

如果槍勁不上身，八極拳則一用便錯，這玩意半點輕忽取巧不來，而真正要做到出拳如槍擁挫，回手如鉤環帶，並可以在實際動手搏擊場景應用出來的人，並不多見，所以大多數的八極拳習練者，只好混合一些其他武術的用法，彌補槍勁不足的缺憾。

其實，若八極拳的習練者好好練槍，待槍勁上身後，八極拳的招法便可以源源不絕地使將出來，原本不好用的散手招法，一上手都變得好用好使了，究其根本，還是「槍勁化拳」的訓練有沒有紮實而已。

話說到這，很多看官肯定心癢難搔，想要看看甚麼是槍勁化拳後的八極拳用法，老衲給大夥兒指點一條明路，當世兩岸三地的八極門公開資料中，老衲心底最推舉兩個半人，其中之一為台灣八極門的唐嘉駿教官，唐老最近在網上扔出一系列他個人的身手演示，大夥兒們可以細心揣摩，體會一下八極拳原始的風貌與型態，不過老衲提醒一句，唐老的招法變化雖然看起來相當簡單，但相當不簡單的是，他身上的無形槍勁的氣勁運用，這點，若你不是與老衲一樣是惡人谷小魚兒與移花宮花無缺的合體，光看影片，是很難看的出來學得會的呵！

張一帖的言靈藥信

＊＊＊

前按：老衲在網路上連載寫慕容前輩系列的故事，有幾篇提到對於中醫草藥的見聞（預計收入老衲作品集三），本來以為少有人欣賞，沒想到那幾篇文章給書篆名家古耀華老師見到，覺得有趣，叫老衲寫篇文章為二〇二〇年「台積電青少年書法篆刻大賞」捧捧場，說這次主題是「解藥——以字療心」，篇幅千字以內，其他隨你胡扯。

老衲其實對中醫藥與書法篆刻都是外行，怎麼好意思寫人家的專業領域？可是作家要有作家的底氣，命題作文是基本功，甚麼題目都要有能胡扯一通的本事，思索片刻，即刻下筆一篇小文與諸君共饗，至於寫的是好是壞，交給讀者去評斷，張大春的名言，作家好比廚師，只管煮菜，不管別人拉肚子，哈哈哈哈！

原文登載於二〇二〇年十月十三日中國時報副刊，原標題配合活動題為「言是心音，藥是信引；化虛為實，以字療心。」，現出版收於書中改標題為「張一帖的言靈藥信」。

＊＊＊

老衲年輕的時候，頗多奇遇，曾結識一名醫張箕卿老師。張老的父母親都是從事中醫藥相關，印象中，張父精於跌打針灸，而張母則是草藥世家；是以張老綜兩家之長，二三十歲時便已醫名廣布，當年有「張一帖」的渾名。人稱病來找張老，一帖藥便好，端的是厲害非常。

老衲當年在張老家中盤桓時，曾親眼所見一件奇事，今日說出來與諸君共參。那時，張老的一位病人來電，電話中說，上次吃了張老的一帖藥，病好了八九成，可是過了幾天，仍然覺得身體上剩下一點點病氣未癒，病好得不完全，所以致電張老詢問；而張老一聽此話，哎呀一聲，便道：「上次給你吃的藥，忘了放一味炙甘草。」沒想到張老回得快，那病人回得更快，立時說道：「老師，很奇怪，我一聽您講這炙甘草三字，不知為何，忽然覺得那剩下的一點點病氣完全好了，身體再無一絲不適感。」

這事是老衲當年親眼所見，一直嘖嘖稱奇不明所以；直到後來，見了台大前校長李嗣涔先生的手指識字實驗，才忽有所悟。李校長的實驗具體細節，寫在他的兩本大作之中，就不贅述。不過他的結論很簡單，一言以蔽之，叫做「文字背後附帶著巨量而不可見的靈界訊息」。

據李校長的推論，每一個文字在我們看不到的背後，都有著不可思議的靈動力。是以我們口宣聖號，又或書寫經文，或稱阿彌陀佛，或稱求主憐憫，其實背後都附帶著不可思議的靈動訊息在流動著。張老當年欠一味藥，只是口述，卻能達到相同療效，是因為其實每一味草藥的名稱，可能也附帶著它本身的信引與靈能；而經張老口中一說出，化虛為實，加上病者與醫者互相信賴，才能在冥冥之中起了不可思議的治療作用。

說到張老，奇事頗多，當年他曾幫已故總統府侍衛隊總教頭劉雲樵老師治病。雲樵老師武功好，卻極喜抽菸，老來咳嗽不止，張老見狀，致贈一瓶化痰丸給雲樵老師，讓他當場咳出不少肺中老黑痰，鼻腔胸腔頓時為之一爽。雲樵老師是武林中人，性豪邁，即席揮毫一幅毛筆字回贈張老，稱其為「筆卿老弟」，拳拳盛意，惺惺相惜，一時傳為美談。

後來因為張老居無定所，又喜四海雲遊，所以在一次機緣下將這幅字轉送老衲，說雲樵老師的書法是武人字，奔逸絕塵，有正氣，能辟邪，老衲你是武人，這幅武人字送你恰好。老衲卻之不恭，一笑收下，老衲現時雖是蝸居，可偶爾將雲樵老師的毛筆字展開一觀，頓覺豪氣旁生，胸襟為之一振；老衲想，這恐怕也是以字療心，睹字療神的另一種解釋與功效吧！

追憶松卿兄，上篇

老衲前一陣子寫神醫張一帖的故事，有人私訊老衲，說這等上一輩的傳奇故事，少有人說，老衲你多說一點，免得這些江湖八卦埋沒在荒山野嶺之中，老衲哈哈大笑說，其實上一輩老先生們的故事很多人知道，只是大夥不像老衲這般無聊，一一寫出賣弄罷了。

說到張一帖，他老人家故事很多，改日再說，不過他有個弟弟是練武的，很有意思，名喚松卿。這張松卿智商極高，聰明絕頂，可是性格瘋瘋癲癲的，與老衲可有一比，常常說的話前言不對後語，他當年跟老衲說過很多話，老衲也不知哪句真哪句假，權且記下，聊做一樂。

當年遇上松卿兄，是在一個早就忘記是誰的婚宴上頭，同桌人介紹，嘿松卿，這位是老衲，如你一般文武雙絕，都是奇人，你哥倆認識認識，親熱親熱；老衲一聽這介紹，他奶奶的「文武雙絕」四字豈是好當，這不是想捧殺俺嗎？連連搖手，說他奶奶的俺大字不識，又是手無縛雞之力，文武雙絕這四字可跟俺八竿子打不著，別聽這人胡扯。

雖然老衲謙虛，卑詞連發，可那邊人家松卿可不幹了，一拍桌，立時大罵：「老衲你何等人？敢跟我相提並論？文武雙絕豈是好當的？來來來，咱們先比文，後比武，較量一下誰勝誰負，誰當得起這文武雙絕！」話一說完，也不等老衲答應，白樂天的《琵琶行》《長恨歌》連發，要出上句要老衲接下句，考考記憶力。

老衲雖然最討厭與人爭鬥，可俺背詩可是一絕，心道考背詩，當年桔梗都考不倒俺，何況是你這糟老頭兒，於是兩人鬥起背詩來；松卿兄背完唐詩，後又抽考古文觀止，再到論語孟子，甚至連左傳的曹劌論戰都出來了，老衲一一應答，兩人互有勝敗，說不得誰佔上風。

松卿兄當時見戰不下老衲，話鋒一轉，說背古文太簡單，咱倆來比比難的。俺道：背古文簡單？難不成要背今文？松卿兄道：正是，咱倆來比背白話文，小學中學課本裏的白話文，你老衲隨便抽考哪一篇，若我張松卿背不出來，便算我輸，這樣好不好？

老衲一聽，大吃一驚，記得當時隨便抽了幾篇《小華給父親的信》、《艾森豪勸架》，松卿兄都能一一倒背如流，驚得老衲五體投地，道：似兄這等記憶力，俺拍馬也追不上，不比了不比了，當場認松卿為大哥。

老衲人稱練過心意六合的韋小寶，幾句話一捧，還不逗得松卿兄哈哈大笑，化敵為友，兩人談完文藝，再談武藝，松卿兄自言，當年與洪拳名師張克治先生學過藝，最喜歡他的洪拳內功還有醉八仙劍法，說那是天下一絕，好東西好東西，並拉老衲到旁邊走道，空手擬劍，演示醉八仙劍意給老衲欣賞，老衲那時雙手正端著酒，想要等松卿兄演示完劍法，再敬松卿兄一杯，豈知兩人說得好好的，松卿兄忽然發難，劍法演示到一半，忽然出手，刷地一下，拿小臂外側尺骨部位猛擊了老衲的手腕內側的橈骨部位。

老衲這人向來外表聰明，內心蠢呆，一下子被松卿兄這下弄迷糊了，正在想兄是何意，松卿兄趁老衲一呆間，又再順勢在同樣部位連敲三下，打得老衲杯中之酒灑出一半，這才收勢起身說道：「咦？老衲我敲你手腕，你不痛啊？」

「不痛不痛，」老衲一聽松卿兄此言，這才醒悟過來，原來他是試俺功夫來著，並無惡意，嘿嘿一笑道：「還可以，俺練過心意六合的熊膀鷹爪，這幾下還受得住。」

松卿兄試到此處，才終於認老衲是好朋友，於是促膝與俺長談武藝，兄說話瘋癲，可是個性爽辣，當場拉著老衲教俺洪拳內功「吸吐運鬆」四字訣，還有他旁門學來的「盤筋束骨功」等等；又道，當年他兄張筆卿，曾帶著他去見劉雲樵老師，雲樵老師認他做小老弟，與他講，他這系李書文老師的八極拳，練小架大架之前，得先逐基，而逐基功法正在熊虎二形；而這熊虎二形不是比喻，是有具體練功方式的，分做四個熊形（功）與一個虎形（功），而虎形功法又有分靜動二法云云。

老衲練武不行，但最喜歡聽人瞎侃武行八卦，一聽如此，雙眉一挑，道：「松卿兄你如此說，可曾有據？」松卿兄道：「當然，雲樵老師的書裏也是那麼寫的嘛！」於是回家翻書，指給老衲看，老衲看了書，這才信服，坐下身來，細細聽松卿兄如何受雲樵老師教導熊形虎形。

追憶松卿兄，下篇

上回說到雲樵老師教導松卿兄四個熊形，一個虎形，而松卿兄與老衲一見如故，又轉教了老衲，但這熊虎二形究竟如何運作，暫且按下不表，先說另一件事。

很多年後，一名叫竹漆的小朋友問了老衲半天，才終於讓老衲開山門授藝心意六合拳，竹漆做人低調，與老衲脾氣類似，不過這事不小心給一個外向活潑的小朋友給打聽到了，纏著竹漆，要竹漆帶他來老衲這，也想跟老衲練心意六合拳，這個外向活潑的小朋友是誰呢？便是高永齡了。

老衲那時一見高永齡，叫他動一動，看一看他的拳，高永齡一伸手，便是雲樵老師的八極拳一系，那時他打的是雲樵老師的八極連環拳，虎虎生風，發力乾脆，足見下過不少功夫；老衲見雲樵老師有後學如此，真為他老人家感到高興，於是又問道：「高，你既然學雲樵老師的拳，有沒有練過熊形虎形？」高說有，依式練來，老衲一看，與當年松卿兄教俺的東西有差別，只好說：「俺向來只專攻心意六合拳，對別的拳種一概不懂，不過當年有緣，曾蒙松卿兄傳授雲樵老師一系的熊形虎形，你若有興趣，老衲現在便先教你一個虎形可好？」高說好。

這個虎形怎麼練呢？其實也很簡單，即是一個人雙腳不分前後，平行站立，然後將雙手向前平舉，與肩同高，手掌立起與小臂處呈直角，而雙手手臂與雙肩的連線亦成直角；以上蓄勢之姿站好之後，此時左腳後撤一步，然後再將左掌向後放鬆而猛力地一抽，左掌後抽到底時肘部自然彎曲，形成左手肘彎處與右手手掌的雙向對拔；要注意的是，最後發力打到底時，右手伸直的手臂，雙肩連線，與左手彎曲到肘的部位，三線聯成一線，雲樵老師稱此為「捅臂」，捅出雙臂之力的意思。

當然，熟練了之後也有不立掌的練法，隨心變化，就不繁敘；這訓練與常規性向前打的招法訓練不同，而是透過前手定位，後手抽拉（也可以倒反過來，後手定位，前手抽拉），去扯出渾身的重力與重心，這是功法不是打法，等這重力重心的扯出之勢運用得當後，隨手一拳一掌，也能打出全身的質量，這才是功夫。畫套路人人都會，如何「行家一伸手，便知有沒有」，靠的是運力慣性的進化與純化，而不是套路的美觀與姿態。

說完虎形，該說熊形，不過想想還是算了；功夫在精不在多，一個虎形練好，一拳捅出如打樁機一樣，砰砰砰地已經夠嚇人，練那麼多幹啥，是不是？

老乞丐的花子棍法

老衲小的時候第一本武術啟蒙書籍應該要算得上是金庸先生的小說，很多人沒將老先生的書讀透，以為那些都只不過是虛構的故事，其實金庸先生的小說中有相當多的武藝寓意與概念是很好的，真讀懂了，再結合現實的武術技巧，能對武功有很大啟發。

隨便舉幾個例子吧！比如說「無招勝有招」這個概念便在張無忌學太極與令狐沖學獨孤九劍中反覆出現；又或者是武功當中的「吸吐氣需與動作相結合」，這個概念也出現在天山童姥傳授虛竹輕功的章節；而「以拙勝巧」除了郭靖的降龍十八掌之外，這概念更出現在白眉鷹王鬥七俠莫聲谷一役中。

更不要說那後來被許多傳武圈中人延用的「七傷拳」概念——有許多的傳武大師教的就是七傷拳，還沒開始打人呢，就把學生們教得五勞七傷，膝蓋壞的壞、脊椎歪的歪，五行情志中不是肝火過旺就是心氣狹隘，正是「一練七傷七者皆傷」，哎，到這2022年了還是有許多傳武大師仍在外頭大教特教這些七傷拳，七傷拳拳名雖不存可是內涵仍在，名亡實存也，不過具體是誰，俺就不好一一點名了。

除了這些概念性的東西，其實金庸小說中的某些武功，真也是來自現實的，比如說那丐幫代代相傳的「打狗棒法」，老衲估計就是來自中國西北的鞭杆絕藝。

不過說到這西北鞭杆呢，老衲得先說一個故事，將事從頭說起。

老衲小的時候呢，家中頗多「老爺」的朋友來去，「老爺」者，老衲之爺也；老衲的爺爺當年有「警備總部第一棋王」的美稱，引得許多喜歡下棋的同好們三不五時便在俺家中找俺爺下棋。

其中有一位老爺的朋友，俺爺都喚他「馮乞丐」，笑說當年在軍中轉戰多年，這馮乞丐呢，每每吃完了自個配給的菜飯，又拿著飯盒到處找同袍乞食，彷彿永遠吃不飽似的，因此軍中相熟的朋友，各個都喚他馮乞丐而不名，而這位馮乞丐也不以為意，始終是笑呵呵地腆著臉拿著飯盒到處要飯。

不過呢，那是他們軍中同袍的情誼，再給老衲吃十個八個熊心豹子膽，俺也不敢叫那馮爺爺作馮乞丐，將他老人家的渾名記在這裏，不過聊作一注爾。

這位馮爺爺呢，奇特得很，飯量奇大可骨瘦如柴，身量雖高卻不長肉，只是一雙手掌與腳掌巨大無比，像是一把蒲扇，據他自己說他這不長肉的毛病，是他小時候放羊的時候給東家扣著飯不放給餓壞的，是以成年之後常感到餓，可是怎麼吃也吃不胖。

老衲當年以為這「吃不胖」是福氣，大讚馮爺天生麗質，捧得馮爺笑聲震堂，豈知三五年後便聽俺家老爺說，馮爺患胃癌過世了，發現的時候已是末期，吃甚麼都吐血，老爺去看他，馮爺豪氣不減，笑說這是報應，不過他這輩子已經吃夠本了，走得不枉。

當年馮爺來俺家中時，常與老衲談天說地，他老人家不識字，對文化人異常尊重，老衲常與他瞎侃瞎聊，老人家隨軍走南闖北閱歷自然是比俺豐富得多，不過老衲勝在能讀書寫字，書本上的東西只要你懂得去讀，那簡直是包羅萬有，每每說得馮爺爺一愣一愣的，直誇老衲見識不凡。

一日，老衲與馮爺爺侃《射鵰英雄傳》，其中正說到那「打狗棒法」的時候，馮爺忽然來一嘴：「咿，這打狗棒法不正是咱大西北的牧羊杆嗎？這也值得寫？」

老衲一聽，大吃一驚，說道：「馮爺爺您說這『打狗棒法』是真有其技的？」

「嗐，我不知道，只是我們東府的放羊孩子都會，打群架的時候特得瑟。」馮爺說道。

老衲那時根本不知道這「東府」在哪？後來一查書，才知道陝西的關中地區分東府與西府，兩地的風俗民情大不相同，而這東府正巧是華山腳下，地頭貧瘠，所以民情兇悍專出刀客；當年綁架蔣介石的楊虎城正是那地方人，馮爺常與老衲偷讚這楊虎城幹得好，只可惜沒一刀將老頭子就地宰殺，讓那東北的阿斗少爺張學良給哄傻了，真是失算。

馮爺爺當年給西北王馮玉祥的軍隊拉伕，捉來硬充兵員，雖然後來馮氏人馬受蔣介石招安而歸順蔣軍重新編列為國民軍，不過馮爺與他家老大馮玉祥的政治口徑始終一致，終身恨蔣不遺餘力。

對了，忽然想到，馮爺的西北牧羊杆與劉雲樵老師傳出來的八極摔把棍，在某些調把、滑把、換把的技巧極為類似，雲樵老師在陝西西府寶雞一帶當過偵緝隊隊長，辦過大案抓過大匪首，卻不知道有沒有與當地的棍法名家交流過？其實老衲向來覺得，兵器一道不能以「門派」分，而是應當以「形制」分，如果形制相同，那麼技巧便不會相差太遠，這一點與拳腳功夫是完全不一樣的概念。

扯遠了，說回正傳。

那時老衲根本不知道馮爺爺會武，當然，他自個兒可能也不覺得那就是「會武」了，只是輕輕提一口小時候放羊的時候大夥都會玩的棍法杖法而已。

於是老衲哄著馮爺教俺這他口中的「西北放羊孩子的牧羊杆」，將家中一隻掃帚與一支掛衣桿給拆了，就留中間一條光桿棍子，一支給馮爺爺一支老衲拿著，幾個下午，便與他老人家將這牧羊杆串來了。

很多年以後，老衲才知道這馮爺爺教俺的棍法，正是中國西北大名鼎鼎的鞭杆，又名「十三把花子棍」的，想到這棍名與馮爺的渾號恰好是一對寶，也是冥冥之中的一個巧合。

老衲曾將馮爺傳俺的棍法，一招一招都安上「打狗棒法」的學名，因為馮爺傳的時候都是俗名，不甚典雅，而且常常記憶不清導致前後命名錯亂，不過這是民間口傳武藝的必然，倒是不好苛責的。

以下將馮爺爺傳下的無名牧羊杆法用文字記載在此處；這種西北鞭杆技巧十分簡單而易學易精，讀者們有興趣的話可以依文演練隨手玩一玩，當然外頭也有許多行家裏手精於此道，老衲在此棍傳承中根本排不上號；寫此文只是權作老衲個人的一個人生紀錄而已。

先說那棍的形制。

據馮爺爺說，這種棍名曰「十三把」，有兩項要求，第一是長度要剛好「十三把」，也就是一手掌一手掌交替握上去，要剛好是十三握；而這個長度大約也等於將那杆子放在地上到心口的位置；又或者是「一臂半」的長度，也就是一隻手水平地面伸直而另一隻手曲肘橫撐，然後由中指到肘尖的長度。

一般人中，這三個長度約莫是相等於的，十三把只是個大約數，玩起來稱手便好；不過這長度人與人是有一定差距的，拿別人的杆子玩，終究還是味道稍差一些。

另一個形制上的要求便是粗細，杆子不可太粗，要是可以穿過「三叉」——即是拇指食指虎口間與食指中指之間——並在此間滑動時可以隨時用這三指扣住急停的，才是適當粗細。

說完形制，便說棍法。

有一句話先說在前頭，馮爺講這西北牧羊杆的時候，極其強調它是「活」的「雙頭蛇」，兩頭咬人，擊右而左首應，擊左則右首應，擊中則兩頭應也；如果練不出這感覺，那是白練，至於具體招式，那都是編出來的，並不重要。

再說一句，這種短棍鞭杆最厲害的地方在於對敵的時候忽吞忽吐，如毒蛇吐信般距離閃爍不定；現在老衲見到許多小朋友玩鞭杆，拿的是軟杆在對打，這麼一來杆上的滑與調等技巧便難做出，距離感上的忽遠忽近更是無從談起，把「活杆」玩成了「死杆」，殊為可惜。

又扯遠了，還是開始說這杆上的實在功夫吧！

馮爺爺的棍，最基本的兩項功夫便是「滑杆」與「調把」，滑杆是水平及腰的高度順著左右手三叉上滑，熟悉以後可以徑在手掌間滑動，而不必備上「三叉」手勢矣。

滑杆會了以後，便進入到調把，調把是將杆子在胸前身前轉一圈舞花，在杆子轉圈時，兩手以滑杆技法互換，謂之調把，正圈「無中生有」，平圈「指南針」，兩種都需要玩精盤熟。

還有一招也是基本功，那便是讓杆子垂直於地面然後自然掉落，然後雙手不斷在上下位置互換，謂之「順杆」，也叫「猴子上樹」。

這三個基本功練好了，恰好杆子的一橫、一豎，還有一個圈的行程中的換把都能做好，如此一好，便能練一些單勁，如「砸」、「點」、「搬」、「反搖槳」、「挑」、單「掃」

雙「扇」、「剪花」、「反剪花」、「背藏臂藏」等等。

其中砸與點不同是在有沒有滑杆，搬與挑不同是在陰陽把位的側正，扇法現在外頭大多稱之為「鐵扇子」，變成一個固定招式了；剪花與反剪花亦然，反剪花的其中一種變化被安在所謂的「十三法」中叫做是「老君柱拐」，那是把招法練死的方向去，老衲以為用勁不用招，應該還原它的本來面目才對。

當然，馮爺的牧羊杆法其中最重要的是「胡說八道」的打樁法，這與所有鞭杆體系都是一樣的，這個練習從固定模式過渡到自由與即興的發揮，不過此技太多人說過，記在此處聊備完整爾。

除此之外都是一些散招，比如說張群炎老先生極度推崇的「二回頭」，在馮爺爺他喊這是「旋風拐子掃落葉」，老衲則戲稱此招為「天下無狗」；還有那「認蹬上馬」，老衲小時都叫此招「惡狗攔路」，因為那動作像極了掃開從路側衝過來咬人的惡狗，再打那惡狗主人一棒。

講招式沒意思，懂了調杆與胡說八道兩種練習以後，理論上再搭配身法步法，可以排列組合出來無限的招式組合，因此還是講講馮爺爺牧羊杆除了招式以外的訓練特色吧！

馮爺當年教老衲，除了以上這些將杆子練順手的招式之外，又極其強調另外兩種訓練，一是杆子排打拍打摩擦甚至是點刺身子手腳的訓練，除了增加身體硬度與柔軟度之外，還能增強心理素質，遇到空手被敵人揮杆掃棍的時候，比較敢上敢接；另外一種便是「奪杆」訓練，也就是兩個人搶奪一支杆的練法，馮爺爺說，在他童年玩杆之際，常會遇到這種情況的，要嘛是自己來不及拿杆，要嘛是自個兒的杆敲到土上石頭上給敲斷了，這個時候若對方杆來，只能硬接硬搶。

多說一句，別小看這「奪杆」的訓練，其實這直指所有棍棒類的功法核心；所有棍棒類的功夫都有一個潛在的前提，那便是身上的力量要能傳導至棍棒上，很多人手上力量大，可是扔給他一支棍子，除了亂掄亂揮此種粗野動作之外，在一些較細膩的動作上卻常常使不出原來手上應有的力量。

做這二人奪杆的訓練，不是單單長力氣，而是讓身體去理解怎麼樣使力才能讓力傳過棍棒這個導體，甚至經過棍棒去擺弄對手；不過老衲後來遇到鶚老師，才知道遇上內勁高手，勁若霹靂，可不是一個「奪」字可以解釋與應付的。

說回正題，這個雙人奪杆訓練若要安名字，可用打狗棒法中的「獒口奪棒」一詞，不過雙人奪杆訓練正如同所有雙人訓練，推手、對打等一樣，千變萬化，很難用一個固定模式去規範。

另外馮爺還傳有幾個練杆勁與腕勁的土法子，刷杆、蹭杆、爬杆等等，都是各家各門共通的東西，就不詳細寫出來讓方家笑歪嘴了。

拉拉雜雜說了許多只是想留個紀錄，不過或有朋友們依文索驥練去，棍法高手是指不上，不過俺想防身強身，應該還是可以的。

老衲來看董陽孜

這週老衲恰好得空，四處亂走，撞上臺北市立美術館在展董陽孜老師的「行墨」大展（按：時二〇二〇年十二月十四日），老衲向來喜歡書法，便走了進去欣賞欣賞。

董老師這次的展精采絕倫，精采在何處呢？老衲以為，最精彩之處，便是在這次的展，匯集了董老師人生各個時期的作品，從年輕時期的油畫，到早期臨摹的顏體與魏碑，再到山谷與漢隸，最後融會貫通，開創了一條她董陽孜自個兒的路子，董姬的字，既新潮又復古，既是文字又是圖畫，可以興，可以觀，可以群，可以怨，真是美極了，沒看過的人一定要去看看，看看才知道，原來中國的書法藝術，可以去到那樣的境界。

談書法，很多專家可以談得比老衲更好，不過老衲想藉此談談書法與武功的關係，談武功，這可是老衲的獨門絕活，只此一家，別無分號。

書法一道，向來與武功有許多類似之處，比如說書法分體，學二王，便是王羲之王獻之的徒孫，學顏體，那便是顏真卿字清臣的餘緒，黃庭堅自述他的學書歷程，先學右軍，後學《瘞鶴銘》，可他一直不滿意，覺得自己的字，俗了，一直「未能免俗」，擺脫不了「俗」

的毛病，直到他中年時，看到了唐僧懷素的狂草，黃庭堅才忽然開竅，從此筆力抖擻，創出一條他獨一份的山谷奇路。

這個歷程，不是與我們學武功的歷程，有很大的相似度嗎？大部分學武的人，初時先學某門，後學他門，可是在這其中好像轉迷宮一樣，也許別人覺得很好，但自己總是覺得不好，迷宮越轉越轉不出去，越想進步，越無法進步，正在山窮水盡之時，忽然某明師，或者某武友，又或者只是某件事，如驚天一指般，醍醐灌頂，猛然開竅，忽然覺得自個兒「通了」，從此之後從蓄電池轉為發電機，源源不絕，該怎麼練該練甚麼，忽然都有了主見，此後無論尋師或訪友，都有自的主見，練甚麼要甚麼缺甚麼，自有一套評量標準，你，走出了一條你的路。

比如說世界公認的功夫之王李小龍，他小時候先學啥呢？先學「瞎練野打」，不管是啥，洪拳太極並潭腿，怎麼好用怎麼亂練，反正打贏就行，這是他學武的第一階段。

後來他撞見了詠春拳，他發現怎麼打，都無法打贏他那練詠春的朋友，於是他見到了葉問，聽拳論，試打法，他衷心拜服這個從廣東佛山來的斯文先生，於是小龍拜師，精煉詠春，很快的，他成為一個十分擅打的詠春拳手。

但這不是故事的終點，李小龍到了美國以後，持續教武練武，在一次比武之中，他發覺了自己的不足之處，從此他廣泛地吸收各種武術，跆拳道，拳擊，甚至是西洋劍或重量訓練，他像海綿一樣吸收，在他原本的詠春拳底之上，他發展出一套他自個兒的獨特風格，他把這種風格，取名叫「截拳道」。

與李小龍相反，越參越少的人也是有的，好比說，有一個人叫做是老衲的，老衲小時候廣泛地接觸過中國北派武術，及長又正式拜師學練內家三拳，形意八卦太極，到後來，遇見了老衲的心意師父，自此以後，便只練心意六合，不涉其他了。

老衲以為，不管是練多練少，最重要的還是找出自己心中最想要的那樣東西，有些人喜歡拳擊，便專注於打拳擊比賽，有些人拳擊踢腿都喜歡，便專注於散打搏擊，有些人興趣更廣泛，喜歡拳擊踢腿摔跤地板，這種人多半去練綜合格鬥，這之中有誰對誰錯或是誰強誰弱嗎？老衲以為是沒有的，拳與性合，只要能應付心中的那種格鬥場景，愛練甚麼練甚麼去。

侃得有些遠了，回到主題，這次董陽孜老師的「行墨」大展中，還有一項紀錄片，讓老衲看了非常感動，影片中董老師說：「西洋藝術固然好，拍賣價高，可我就是不服氣，我們也有我們的東方藝術啊！書法，便是所有東方藝術中最神祕的一種！為什麼我們不能推廣書法？為什麼我們不能推廣自己民族的價值觀審美觀？偏偏一定要向西方看齊？」

是啊，老衲知道拳擊選手能打，泰拳選手能打，柔術選手能打，更不要說UFC比賽中的MMA拳手各個龍精虎猛，惹不起的，可是，可是我們能不能也學學練練東方的格鬥藝術，品味一下，老祖宗們過往的生存藝術；為什麼甚麼東西，都急著一定要向西方看齊呢？

老衲知道，現階段很多傳武老師傅若是上擂台，可能打不過各種職業拳手，可是，可是難道擂台比賽，就成了我們評斷武功的唯一標準嗎？擂台比賽有太多原始武道之外的因素，除卻此外，日本的空手道與巴西的格雷西柔術，也無一不是在現代比賽競技規則下，不斷修正不斷重生的，中國傳武只是還沒跟上這班列車而已，有見識卓絕的帶頭大哥出面，登高一呼，中國功夫想要追上世界競技比賽潮流，老衲樂觀且自信，這都只是時間問題而已。

既然談到比賽，不得不談一下，在競技運動比賽之中，最重要的元素根本不是甚麼厲害的明星選手，最重要的元素，其實是坐在場下的所有觀眾，崖岸自高，天下無敵，那都是你的事，與觀眾無關，只有真正讓武道教育深入人心，武道才能真正發展起來，有觀眾，百裏挑一，甚至是萬裏挑一，才能真正出現身經百戰的天才拳手。

這也是董陽孜老師一直一直在做書法跨界的活動的原意，只有大家都懂書法了，書法家才有活路，這書法藝術，才能變成一種活的藝術；只有大家都懂武功了，武道才有活路，這也是老衲寫文的初心之一，科普武功，武普一下武學常識，把一些常識說開了，初學者自然眼界提高，對武功的鑑賞力越磨越高，傳統武術，才會有真正的活路啊！

老衲嘮嘮叨叨，三句不離本行，看完「行墨」大展，依照中國古代的規矩，寫完心得文要再來一首定場詩壓卷，一氣呵成，立即下筆曰：

老衲來看董陽孜，萬鈞筆力掃千軍；
巾幗不讓鬚眉氣，要計當為天下計。
濃淡黑白墨飛轉，枯濕直曲線漣漪；
筆法自古通勁法，只是俗人識者稀。
拳練虛實並開合，書論遲澀與迅疾；
動手最要靈神意，寫字獨樂擬即興。
結字因時有變化，打法因地可制宜；
筆勢千古同一力，功勁不分內外異。
書法能通拳法論，老衲不是春繆思；
古來聖賢皆有示，只是小子以為痴。
中華武道千百載，豈是淺薄花梢藝；
留待來時英雄出，今朝養晦是明夷。

小說部

青霜劍

國內搏擊隊總教頭敖鵬海在甘迺迪機場一下飛機，立刻打了電話請師父吃飯，說約在公園大道上的著名滬菜館霞滿樓請他老人家一聚，師父接了電話，連聲說好。

這是第二次國內的知名人士來紐約時，特地撥空來拜望師父。

師父說敖鵬海帶了七個格鬥選手，來參加這次在麥迪遜廣場舉辦的世界無限制格鬥大賽。那七個，全是敖鵬海手底下訓練出來的虎子狼孩；他若一個人去赴宴，不免顯得有些寒磣，只好帶上我來充充門面。

我的師父名叫沙雲飛，移民來紐約三十多年，剛來的時候也幹過跑堂倒水的活兒，可是錐在囊中，有才華的人到哪兒都出頭。一次他碰巧遇上了唐人街裏兩幫會堂裏的人馬私約火拼，師父一人在路上撞上，心覺不憤，忍不住出手擺平了兩方；據說那次師父當場用點穴手法點倒了一百多名黑幫份子，從此他在紐約華人圈子中聲威大震，跑堂倒水的工作也不幹了，便在唐人街裏開了間小武館教拳維生。

開武館教拳原本是極賺錢的事，但師父教拳老是取巧，不教真東西，老是敷衍些花拳繡腿的假套路；是以風頭一過，來的人就漸漸少了。來的人少，師父的收入也漸漸低了，但他老人家絲毫不以為意，繼續他的教學宗旨：『教拳留一步，教步打師父。』師父留的不是一步兩步，他留了九十步一百步，青出於藍，更甚於藍。

在飯桌上，我低頭吃飯，而師父心情相當好，不時舉杯，與敖鵬海還有他手下帶的那七個選手敬酒。

我不禁想到上一次有大人物來紐約拜訪師父的情景，像是昨日，依稀彷彿。

第一個來紐約特別撥空來拜訪師父的大人物，是一個國際知名的大導演，名頭太大，故簡稱他為大導演。他來的時候，還帶著另外一個名頭也很大的演員周先生；彼時師父還住在曼哈頓南岸的唐人街裏頭，那間舊公寓又冷又濕，連自由女神的陽光火炬也曬不乾爽它。

「沙師傅，我這回新開的戲是部武俠片，準備要把我們中國人的東方意境推向西方世界。」

「唔，好事，大好事。」師父一向話不多。

「是好事沒錯，可是……」大導演搓著手，神情有些靦腆，斟詞酌句，完全不似他平時叱吒影壇的威風模樣，「裏頭有一場戲，是故事中的俠士，在月光如水的亭子裏獨自舞劍……」大導演指指旁邊的那名大演員周先生，說：「我已經找了幾個精通傳統劍法的老師傅專門教他，但是效果都不如人意。」

周先生是一名國際級的大演員，星眉朗目玉樹臨風，具備一切中國傳統美男子的外型要求；周先生私底下話不多，可是眉目眼神裏有攝人心魄的清朗俊秀，我聽人家說一個演員最重要的便是眼神，周先生除了身高高骨架大，在戲行裏最佔便宜的當是他的一對眼神。

我們一票徒弟都好奇地偷偷瞄著周，他的演技號稱是五百年來華人之中最精湛的，演誰像誰，只要被他看一眼，不論是神情、姿勢、語調，都會瞬間被他複製上身，媒體甚至幫他取了很多誇張的外號，像是千年百變妖狐、靈魂複印機等等，當時他演過很多角色，不管是演瘋三還是演大哥，都是入木三分，這次大導演要周先生演一回傳統俠客，應該對他來說並不是甚麼多難的挑戰。

此時的他，靜靜地坐在大導演旁邊不發一語，像隻悠哉閒散的大黑貓。

而大導演繼續說了下去：「我心目中的中國劍法，不是那樣的花拳繡腿，而是像《莊子》裏的大宗師、逍遙遊那樣氣魄雄渾，微妙通玄的劍法！」大導演說的激動處，更站起身來比劃：「我去中國大陸上拜訪了很多名家，可是……您知道的，很多真玩意都在那十年動亂中喪失了，現今大陸上留下來的，不過是一些如同那些觀光景點一般的假東西。好比那黃鶴樓吧，只有地名是真的，可整棟樓是後來亂蓋起來的假貨，中國功夫在神州大陸上也差不多快是這樣了，少林派武當派崆峒派，只有名稱是真的，功夫卻都是後來胡編出來的假貨。」

師父聽了，只微微一笑，淡淡回道：「也不是全然那樣。還是有真貨，只是你沒訪到而已。」

大導演坐了下來，重重地一揮手，繼續說道：「可是呢，我訪了很多人，他們眾口一致都推薦您；說您的劍法好，當年在北方……掃平了很多無知鬧事的地痞流氓。他們都說，如果要在我的電影裏拍出真正的中國劍法的味道，一定要來紐約訪您！請您來教周真正的劍法！」大導演說到此處，拍了拍周先生的背，周向師父一點頭，師父樂呵呵地笑，給他斟滿了茶。

「劍法不是那麼好學的。」師父沉默了半晌，只擠出這句話來。

可是大導演並不死心：「沙師傅，我知道劍法不好學，如果是我，勞您教我三年我可能也學不會……」他頓了頓：「不過學的人是周，他小時候在少林寺待過，有些根底，加上他千年一遇的模仿天賦，我相信沒問題的。」

除了大導演說話之外，周先生在此時也開口了：「沙師傅，我生平沒有拜過任何師父。如果沙師傅願意還瞧得上我的話，我願意給沙師傅行三跪九叩的大禮，正式拜師，以示心誠，好好跟您學習真正的中國劍法。」

大導演的話中含意，就是說前面那些名門高手都是假貨，我經人指導，知道你沙雲飛是真貨，特別來見識一下，這頂高帽說來不大不小，可是當年師父在唐人街，除了我們一票傻呼呼的徒弟，根本沒幾個這樣尊重他的，因此他聽起來心底特別受用。

師父也不答話，站起身來轉入後堂，拿了把劍出來。

我那時才知道，師父在家裏還藏了把寶劍。

那把劍劍長三尺二吋，劍鞘用一種特異的鮫鱗裝飾，發出粼粼幽光，護手雕著一頭狻猊的形象，看得我心中直跳。

大導演與周先生知道，有真傢伙可看了，兩人都是身形一肅，背桿挺直。

蹌啷一聲，師父把劍拔了出來，聲如春雷乍響，迅若電掣風馳，師父那張老臉被劍光一映，熠熠生輝。師父對著大導演頑皮一笑，說聲：「獻醜。」語音未落，他已然將劍光舞動起來。

一時間，師父小小的破公寓中劍光四射，一股如雲雪天光般的奇異色彩在師父的老舊公寓中四處遊走，忽快忽慢，乍緊乍緩，迴旋纏繞；初時仍分辨得出來人在使劍，到後來，劍光越使越密，看得竟像是那柄劍中有了獨自的生命，呼嘯如電，翻捲似蛟，把使劍的師父那薄薄身軀帶著搖晃擺旋，那劍似波浪鼓盪，而師父就像是那奔騰的衝浪客，雖不能征服大海，卻能在浪頭上竄高伏低，始終不被那烈性的活物甩脫下來。

我們幾個人看得如此神技，心曠神馳，渾不知身在何處。

忽地劍光一炫，在空中連繞三圈，彷彿在與眾人抱拳告退一般，倏地收回劍鞘之中，師父神完氣足地站在原地，眾人才如夢初醒。大導演最是激動，連喘了好幾口氣才回過神來，喃喃問師父道：

「剛剛那……漫天飛舞的是什麼活物？」

「寶劍。」

「寶劍何名？」

「青霜。」

「劍法何名？」大導演又問。

師父表情沒有一絲身為武道者的傲氣，只輕輕回應：「劍名青霜。劍法，亦名青霜。」

「這正是我心中所想的中華劍道！」大導演激動的握了握拳頭，一鬆一緊，深呼吸了幾口氣後轉身一問：

「周，你學會了嗎？」

周先生劍眉一挑，不慌不忙：「姿勢與動作，是學會了。但是……」

大導演急問：「但是甚麼？」

「但是，若無沙師傅手上那柄寶劍……空有劍法，只怕發揮不到如此淋漓盡致。」

周先生的回答，攪得在場的眾人一陣沉默，不知道要說什麼好。

倒是師父自個兒打破了沉默：「那容易，這把劍送你。」「師父！」祥子急叫了出來：

「這把劍是咱們無極門傳了十一代的寶劍！」我心中暗讚：祥子好樣！不愧是我師門的子路，說話又實又直，雖然不知道這十一代是怎麼掰出來的，但把師父的寶劍，留在門內，是天經地義的事，誰還在乎祥子亂掰什麼理由。

師父沒有因為祥子的無理衝撞而生氣，好似完全不在意，只隨意揮了揮手，硬是把那把青霜劍塞到了周先生手裏。我眼眶一紅，死命地瞪著哪把本應屬於本門代代相傳的寶劍，惡狠狠盯著周先生。但周先生完全不理會我的目光，甚至對師父，也是一句謝謝都沒說，只點了點頭。

倒是大導演發話：「沙師傅，我們不能白要你的東西。」

師父回得乾脆：「不然這樣，你寫張支票回送我，扯平。」

大導演俐落地從白襯衫口袋裏掏出支票本與鋼筆：「多少？」

「一千萬，」師父頓了頓：「美金。」

大導演不愧是大導演，眉頭皺也沒皺一下，迅速寫下簽名支票遞給師父。

而我看著我們無極門的祖傳寶劍青霜化物，被當作一個商品一般輕易賣掉，那感覺如五雷轟頂。

那周先生手中握著青霜劍，居然還不滿足地嘆了口氣：「老先生的劍法外形、姿勢套路，我是有把握可以重現大銀幕上。可是您的眼神，我學不來。」

師父一拍他肩頭，笑了：「已經夠洋鬼子看囉！」

大導演與周先生走了以後，師父把當時所有武館徒弟聚集起來，坐在客廳地板上，地板一陣涼一陣寒的刺痛著我的屁股，但師父沒管我的屁股，一臉肅穆宣布：

「我以後再也不教劍法了。」

「師父！您可從沒教過我們劍法啊？」祥子這次沒犯糊塗。

師父老臉一沉：「我已封劍，以後在我面前再也休提『劍』之一字。」

我與祥子，還有幾名師兄師弟面面相覷，說不出一句話來。

不出意料之外，大導演的武俠片拍出來後，票房極高，又連連奪得國際大獎，每次的頒獎典禮我都緊緊地盯著大導演與周先生的嘴唇，在等他們感謝無極門的青霜寶劍與青霜劍法。

一次也沒有。

很顯然的，大導演刻意隱藏了青霜劍對他武俠片畫龍點睛的重要性，但我不清楚大導演這麼做，是為了他自己，還是有甚麼不可告人的原因？

師父比我瀟灑的多，他完全沒去看那部武俠片，更不要提去追蹤後續的得獎風光報導了，師父他老人家用大導演給他的那張支票，從汙穢潮濕的唐人街舊公寓，搬到曼哈頓萊辛頓大道上，近鄰紐約中央公園，樓下就是慾望城市中凱莉住過的高級公寓。

看著師父拿祖傳寶劍換來的鈔票，堂而皇之搬入上東城高級公寓，一眾徒弟都心寒了。

祥子說：「教拳不教真的，我能理解；但連祖傳的寶貝都賣掉了，這種人還跟他學啥？」

我啞口無言。

原來的師兄弟們都散了，只剩下我一個人，但我始終相信，師父是真功夫，他總有一天，會被我感動，教我真功夫的，我……

「小威，你在想甚麼？」我一愣，師父的喝聲喝斷了我的胡思亂想，回到了與敖鵬海的飯桌上。

敖鵬海衝著我笑了笑：「這位沙師傅的高徒，肯定在想待會飯局之後，跟我們選手試試身手，較量一下，看看到底是現代搏擊厲害，還是古傳武學優勝，是不是？」

我支支吾吾：「我……我……」

「他只是我教著玩兒的小徒弟，不會真玩意；」師父仰頭又喝乾一杯高粱，道：「想看真東西，我老頭兒陪大夥兒練練。」

「好！」敖鵬海高聲叫好，他立時站起拉開桌椅，清出中堂空間，敖鵬海帶來的格鬥選手們各個磨拳霍霍，餐廳老闆小廝在一旁又驚又怕，卻不敢出言阻止。

看來，向師父挑戰，才是他們來拜訪師父的真正目的。

第一個出戰的是個中量級選手，身形中等而精壯，精通摔角地板技術，一對眼神尤其兇惡。而師父這邊，著一身醬色短掛，腳下卻是知名運動品牌的球鞋，比三條線與鉤子還要好穿的新平衡，看來師父是早有準備。他長袖一揮道：「來吧。」

那人惡狠狠地撲將上來，一把抓住師父的右領與左肘關節處，一返身看來要先將師父掀翻在地，在施以地板打擊技術ＫＯ。

就在對手以為必勝之勢時，也沒見師父手腳有甚麼動作，僅僅身上一顫，對方立即彈飛了出去，在地上滾了兩圈，暈了。

敖鵬海見師父露了這手，大感驚異，揮手叫了另一名重量級拳手，並在耳邊囑咐：「這老頭兒看起來自恃力大，我們以力拼力，重拳重肘重腿招呼他，試試他那年老殘軀究竟有多少斤兩。」

我在這邊看到對方居然要派一個大塊頭，一米八五，體格壯的像隻牯牛，也拉了拉師父說：「師父，對方來勢凶猛，你已經用巧技贏了一場，不必再比了吧？」

師父對我做了做鬼臉，道：「不相信師父嗎？」

正說話間，那名重量級選手已經站穩低架勢，小心謹慎的逼了過來。

可能是被剛剛那一場比試中師父身上的神奇內勁所震懾，這次對手的重心壓得非常低，氣息調得悠長，並不莽撞的直撲過來，反而是一步一釘地慢慢接近師父。

師父卻是漫不經心，閒庭漫步似地往前走去，那對手虎吼一聲，一記左鉤拳向師父的太陽穴狠狠擊去。

師父身似泥鰍，一扭一游之際已進入到了敵手的懷中，那重量級選手絕想不到師父身法如斯詭異，吃了一驚，卻也不退後，右腳一蹲，一記威猛凌厲的右上鉤拳就向師父下顎打上。

只見師父一捏劍指，點中對手胸膛，那記氣沖霄漢的上鉤拳忽然軟了下去，接著，對手那壯如泰山的身軀一歪，摔倒在地。

「劍送人了，可我的青霜劍氣還在。」

師父淡淡地說。

敖鵬海至此，對師父的武功再無懷疑，撲地一跪，重重磕了三個響頭：

「求沙老師傅收敖鵬海為徒！」

我吃了一驚，難道我要多個師弟？轉頭望著師父。

師父笑了，他的決絕神情與送出青霜寶劍的那天一模一樣。

「好，我就把這身青霜劍氣傳給你。」

當晚，師父就在敖鵬海下榻的酒店住下，一周後，師父召我去他家。

師父以前老歸老，瘦歸瘦，可身板紮實，精神矍鑠；但我那日一見，只有一個感覺：師父身上，空了。

「小威呀……」

我眼中努力噙住眼淚，說：「我明白，師父送完寶劍，現在連劍氣都送人了，因此要封拳不教了，是嗎？」

師父摸摸我的頭，慈愛如父：「你是好孩子，去找些別的事幹吧。」

我回家哭了七天，幾次昏厥過去，一周後，我去皇后區一家餐館應徵，從最基層的bus boy幹起，勤力工作。三年後，我升到了餐館經理，從此再也不提拳法與劍術了。

鶚先生

老衲常常說自己是惡人谷小魚兒與移花宮花無缺的合體，因為這樣的敘述可以概括老衲當年學武的歷程。老衲小的時候，因緣際會見過很多高手前輩，得過很多亂七八糟的傳授；這其中有一些人老衲已經寫過了，如慕容前輩，如朱四爺爺；其他的還有像孫老師、馮爺爺、成叔叔、黑手保鑣等等，待適當時機再慢慢寫出來給大夥開開眼。

學完十大惡人的功夫之後，老衲又有奇遇；遇上了移花宮主願意收老衲當乾兒子，養在移花宮中一對一單獨教老衲中國回族秘傳的心意六合拳。這心意六合拳呢其實有點像是北派傳統武術中的最小公倍數，很多北派拳法中的東西都能在這裏頭找的到對應關係，這樣的體系結構比較符合老衲這種大而化之的疏懶性格；因此後來自個修練就多半以心意六合為主，其他東西便放著，愛練不練了。

扯遠了，說回十大惡人。說到這十大惡人呢，其中有一個人的姓很偏，姓鶚；這個鶚其實是一種魚鷹的意思，翻譯成白話就是一種捕食魚類的兇猛獵鷹，性喜在水域附近築巢，伺機捕魚。因為這個姓實在是太古怪了，所以老衲當年就常常跟老師說，老師您可以說自個江湖人稱「鶚先生」，而且可以自稱是「十大惡人之首」——您姓鶚嘛，沒人可以跟您爭奪這個最「鶚」的名號。

（鶚的讀音：惡也！）

說到鶚師這個人也是一個傳奇。他老人家出身名門世家，極其喜歡玩古董。說墨，他拿出來一錦盒當年人家送給曾國藩的壽禮墨條；說紙，他拿出幾刀明紙說可惜沒有請得動張大師給他仿幾幅石濤八大。鶚師家中的藏品都是極精，渡海的收傅心畬，香港的收趙少昂，若是在神州大陸上的藝術家，他除了吳昌碩與傅抱石之外，只對當時價格仍不高的齊白石青眼有加。

記得鶚師當時說：「向來只有時勢造英雄，沒有英雄能造時勢的。白石老人踩對了路子，應了統治階層的政治品味；他的作品在他百年後肯定價格高漲，現在入手的價錢低，往後翻個幾倍都不是難事。」當然後來藝術品市場上的變化，證明他老人家投資眼光卓絕，不是咱凡人可以想像得到的。

更奇妙的是鶚師除了古董收藏之外，他的一身功夫來歷更是古怪。他的功夫到底從哪裏來的、到底是在何時何地跟何人學的、甚至他這門功夫到底叫甚麼名字，他老人家都是從來不說；只是在豪門貴族世家中的公子間流傳。這些公子小開少東們中也頗有從鶚師學拳的，可是鶚師他一律將規矩講在前頭，說他「只改拳，不教拳。」——意思是你若是喜歡跟他練拳，他只會幫你改你過往學過的拳法哪裏哪裏有問題，但他從來不教你他的功夫體系的動作，也不告訴你他的功夫到底是怎麼練的。

此話一出，從學鶚師的人自然極少；可是錐在囊中，風聲還是傳了出來。老衲當年聽到的消息是說鶚師功夫極厲害，每次幫你改拳都能讓你大開眼界，有脫胎換骨之效。很有些人練了原來的拳派的套路可是出不來功夫的，只要給鶚師看一看，鶚師給他扳一扳拳架子；很奇怪的是原來練了半天不出功夫的動作，你按照鶚師扳的新拳架一練，練起來便覺得內勁順暢，發力協調。可是詢之鶚師他為什麼能夠這樣改拳，鶚師每每笑一笑，只說：「拳是悟出來的，不是練出來的。」

當年老衲打聽到風聲，想說喏大小小地方，沒想到居然有這種人物；有天終於知道鶚師在哪處教拳，殺上門去，當時年紀小不懂規矩，見到鶚師開口便問是否可以隨他練拳？沒想到鶚師怪眼一翻，說了句讓老衲終身難忘的話：「你算哪根蔥？憑什麼想跟我練拳？」

（說到此處忍不住想插一句話：江湖傳言老衲架子大脾氣壞，那可能是他們沒見過真正架子大脾氣壞的老拳師呢！）

老衲當年找鶚師的時候年紀的確極輕，家境又給俺那敗家子父親給敗得差不多了；荷包裏頭實在沒剩多少錢，怎麼辦呢？老衲咬牙將那年的學業放棄，能翹課的時間便通通翹課，去找一些奇奇怪怪肯收童工的地方去打工，就這麼紮紮實實存了一年錢。第二年的同月同日，又是一天春暖花開的好日子；老衲走到鶚師教拳的場地，一伸手就是一包大紅包塞到鶚師手裏，說：「鶚老師，俺叫老衲，不是哪根蔥；真心想跟您學拳，不知道這些錢夠不夠？」

興許鶚師是早就忘了老衲是誰，也或許他還記得；他掂了掂手裏那包紅包的厚度，一揮手，只說：「去旁邊跟著看吧。」說完，於是又轉身負著手去看其他場上的師兄練武了。

就這麼老衲便跟鶚師練上。鶚師呢這人很妙，真的是「只改拳不教拳」，你無論問他甚麼拳法都考不倒他。你隨手打個直拳，他可以幫你改得直拳勁力充沛；你再隨手問他一招手法，他上來跟你一試手便能告訴你你這招缺點在哪——可是若是你要問他他是怎麼練出來的？他往往答不出來，只說多想多悟，再沒其他說法。

鶚師不只會改拳，實戰功夫也極其凌厲；手快勁猛，當年常常把老衲打得滿地滾。記得有次老衲被打翻在地，站起身來的時候不服氣，指著鶚師說老師你這樣不對！人家練摔跤練柔道都是在安全的場地上一下一下小心地摔，你打俺全不留手，讓俺在這紅磚水泥地上硬滾——不科學啊！這樣是練功夫的方法嗎？記得鶚師冷冷答道：「我是要你知道會怕，真練功夫，不知道『怕』不行。」當年鶚師威嚴極重，做徒弟的哪敢反駁第二句話？即使肚子裏頭有一萬個不願意，也吞了回去，真不是現今這個世道可以想像的。

鶚師除了手快，勁也很猛。老衲生平遇到過不少懂內勁的行家，可是各自的特點不太一樣。慕容前輩的勁很輕，感覺不出來人就出去了；朱四爺爺的勁很大，像是被一台車拉扯著趟過，要反抗你也反抗不來；而鶚師的內勁最為奇妙，老衲生平從未遇到過第二個人是這樣的。他的內勁如雷轟電閃，一接上手便像觸電一般被打飛出去，沒接過的人完全不可想像。老衲當年常常與鶚師調侃，說老師你不說你的功夫叫甚麼名字，俺便叫它「混元霹靂功」了啊？真的太像雷電的觸感，歷史上只有金毛獅王、成崑等人或許學過。

印象最深的一次，是老衲曾有一次拿了支紅木短槍（大約一人半到二人高的長度）到鶚師場上，說想跟鶚師討論槍法。而鶚師看到老衲問槍，只回一句：「你沒資格跟我討論槍法。」老衲那時早已習慣鶚師的作風，嘻皮笑臉地纏著他道：「老師，咱們來試試嘛！俺從沒見過你練槍。」一邊說著，一邊便挺槍向鶚師戳了過去。

那一幕老衲永遠忘不掉。鶚師見老衲一槍向他戳來，身形微微偏讓，雙手卻已抓住了槍桿，真是沒看他有任何動作，老衲便覺得有一股電流從紅木短槍上傳過來，抓也抓不住槍，連帶著整個人被抖飛在空中轉了一個半圈，摔倒在地上。

……真的，老衲當時躺在地上傻也傻住了；半晌才回過神來。彈起身，問鶚師是否能夠再試一次？鶚師甚麼話也沒說，一桿槍伸了過來便讓老衲緊緊抓住；於是又是同樣的情景，鶚師沒甚麼動作，可是槍桿子上便傳過來一股不知道怎麼形容的東西（手沒麻，可是像極了電流）又將老衲震開甩向空中，而騰飛摔倒。

鶚師那時見到老衲那副傻樣，哈哈大笑，將槍桿扔還給老衲，道：「就說你沒資格跟我談槍吧。」於是細細與老衲講解這其中的原理。不過呢，這原理雖然很簡單，可是要練上身卻是很難很難的；練武不是腦袋明白而是要身體明白。老衲至今也沒練出來這原理背後的功夫，所以也不多說，免遭人譏是口頭禪了。

這兩天老衲恰巧看了很多現代競技槍法的影片，很多高手名家們在網路的世界上紛紛解釋槍法的奧妙之處，讓老衲看的是如癡如醉。不得不說傳武還是在發展的，現代人在安全兵器的設計防護下，對於兵器技擊的經驗比之古人不知道深了多少；不過古人的一些東西傳下來還是有一些值得研究的地方的。老衲從不厚此薄彼、貴古賤今，期待有一天有更多的小朋友能將老祖宗流傳下來的功夫奧妙處給參透，並結合好的運動競賽的方式去推廣。

當然啦，這篇小故事看完肯定很多人會說根本沒有這樣的人與這樣的功夫；您說的都對，老衲本行是寫小說的嘛，瞎掰一篇小故事講言外之意的道理，那還能難得了俺嗎？哈哈哈哈！

那位先生

1

先說明，這篇故事很是古怪，因為那位先生名氣太大，所以江湖上諱莫如深，只能稱他做「那位先生」而不敢直呼其名；不過老衲一天坐車經過一個村莊時，見到那村莊村名「衛斯理村」，此中或許可以略窺端倪。但若有其他雷同巧合，純屬意外，就不在老衲的設想範圍以內了。

閒話提過便算，便進入故事正文。

話說老衲出道以來，因文因武結識的江湖豪傑很多。過去老衲是從不在圈內行中行走的，沒想到文章一出，暴得大名；許多高手前輩們紛紛想要來「盤盤道」，使老衲又見了不少江湖上的名家巨匠；有重劍無雙的獨孤前輩，有熱好公義的善打大哥，有專志武學的石老師，也有神祕低調兼具藝術家性格的翳生。

當然以上眾人的武功都是各擅勝場，各有所長；不過論到與老衲相見時的怪異莫名，恍如離世桃源般的奇秘神境，卻都比不上那一對紅衣女子。

話說那日，是一個沉靜的夕陽午後。老衲平日在台北的內湖園區上班，到了快下班的時候，常常翹出班來，去內湖園區的各家咖啡館小坐一下，稍作休息，喝杯咖啡，好好地思考一下晚上是否需要繼續加班。

本來這是再平常也不過的一個行程，可是那日，正當老衲要走到常去的那家『要上班還是要喝拿鐵』的咖啡館時，忽然陽光一暗，眼前一花，說的遲那時快，已有兩位紅衣女子站在老衲身前。

那兩位紅衣女子打扮很是奇特，很是值得一說。若用古典小說的筆法，那便叫做「一襲紅衫」；一件紅紗絲的罩衫罩在外頭，裏頭卻是貼身的短棉衫與熱褲，貼身衫褲將女子身體的曲線表露的淋漓盡致，可外頭的紅罩衫卻又將那美麗的曲線搭上一層若有似無的隔紗，透光，卻讓人無法看得清楚——不知這算是哪國的民族裝扮，但總之那是好看之至。

熱褲罩衫的底下，除了一雙白淨長腿之外，兩個人雙雙穿著同款的法國公雞牌素雅白淨的運動鞋，在動感的同時也兼顧著設計美感；往上看，二人在紅色罩衫裏頭穿著的短棉衫一灰一白，也幸好這二人穿著的短棉衫是一灰一白，這才分得出二人有所不同——因為那紅衣女子二人，長相一模一樣，大大的圓眼，嬌俏的鼻尖，連兩個人臉上的靈氣與自信都一模一樣，一看便是一對艷麗無雙的雙生女。

那兩位紅衣女子見老衲看她們看得呆了的模樣，忍不住噗哧一笑，左首的那位說：「嗤，還以為是多麼厲害的角色，」右首的馬上接話下去：「原來不過就是一個見到美女便魂飛天外的色鬼。」

老衲定了定神，說道：「窈窕淑女，君子好逑。見到美女魂飛天外，乃是男人本性，有何可笑之處？」

「別人不可笑，」「但我們以為老衲是一個多麼無趣的糟老頭，」「至少頭也得是禿的吧？」「沒想到頭不但不禿，」「頭髮還長得又濃又密。」「可是這年歲不對，」「我們收到消息，」「老衲至少是個六七八十歲的老頭子，」「可是你這人看上去不滿十八，」「又何德何能，」「敢自稱老衲？」

那一對紅衣女子說話的時候七嘴八舌，夾纏不清，常常一個人說了上句話，另一個人便接了下去，很是奇特；老衲過去只有在小說中看過這般人物，沒想到在現實生活中，居然真能遇有雙生子可以如此說話。套一句那位先生的話，想必是二人的腦電波活動頻率相似，所以可以讓她們思想相通接話無礙之故。

老衲待她們七嘴八舌的講完，這才說道：「菩提本無樹，明鏡亦非台；老衲出生時自帶五百年前世記憶，加上八荒六合唯我獨尊功的習練，說話老一點，面容年輕一點，又有何怪哉？」

那兩位紅衣女子笑了起來：「一開口，」「我們便知找對人了。」「滿嘴胡說八道，」「倒是長相還可以，」「賣相老好。」「難怪敢自稱是小魚兒與花無缺的合體，」「果然有兩下子。」「對了，約你去一個地方，」「敢來不敢來？」

咿，老衲當時心裏一想，素昧平生，狹路相逢，兩位美艷嬌俏的紅衣雙生女子約老衲一遊，這莫不是傳說中的「仙人跳」乎？按邏輯來說，此情此景應當是要嚴詞拒絕的。可是呢，實際上要老衲明快果斷地拒絕兩位動人之極的美人兒邀約，這話卻也是絕難說得出口。

於是老衲定定地看著那兩位紅衣女子，沉吟半晌，才忽然想起江湖上一對著名的……據說那兩位女俠喜穿紅衣，焦不離孟孟不離焦，乃是一對美麗的雙生女子；而出生的時候接產婆老眼昏花，分不出那一對明媚可愛的女嬰誰是姊姊誰是妹妹，只好用一句有趣的成語做那姊妹的代稱。那對雙生女出生時在南洋的一處小島山谷中，長大後也死守著家族中遺留下來的一棟廢墟，並依家族族規苦練輕功；後來還是經過那位先生的努力，才將她們引回現代社會中，回歸正常生活。

老衲忽然想到那位先生對這兩位紅衣女子的評語：「輕功絕頂，嬌俏無雙。」忍不住大力的拍了一下掌，大叫說：「俺知道妳們兩位是誰了！」

那兩位紅衣女子瞪著眼睛道：「沒想到老衲你虛有其名啊？」「居然這個時候才知道我

們兩個是誰？」「怪了，你若不知道我們兩個是誰，」「那麼我們兩個約你去一個地方，素昧平生的，」「你不覺得很怪嗎？」

老衲想起剛剛對兩位女俠的遐想與腹誹，不禁面上一紅，吞吞吐吐說道：「女俠莫怪，老衲有自閉症，向來不與外人接觸；是以一下子想不起女俠英名，也在情理之中。」頓了頓後又道：「至於外頭的人說老衲是傳武活字典，於傳武的掌故無一不精通；那都是江湖上好朋友們的客套溢美之詞，做不得真，女俠們切勿見怪。」

那紅衣女子們輕笑一聲，並不在意，從懷中掏出三本護照，一青一藍一紅，在老衲眼前一晃，說道：「你這幾本常用的護照我們給你從家裏摸出來了，」「並也用了你的名字訂好機票。」「這個班機從松山機場直飛那座城市，是那位先生事先打點人關照過的，」「兩個小時以後起飛，」「你其他東西都不用帶了，」「人過來即可。」「先生想要見你，」「來不來？」

老衲聽到此處，再笨的人也知道是哪位先生要見老衲了，不禁喜動眉梢，說道：「『那位先生』相約，當然一定要去！只是不知道為什麼那位先生要約老衲相見呢？」

「笨蛋，」「你闖了大禍，」「居然自己還不知道？」

「闖了大禍？甚麼禍事？」老衲莫名其妙的一頭霧水。

左首的那位紅衣女子嘆了口氣：「你把太多傳統武功的祕密寫了出來，」右首的接了下去：「好比輕功，我們以前可以騙騙一般大眾說，」「輕功有多神祕多神祕。」「可是你將輕功的原理與練法老老實實地寫了出來，」「連那些甚麼『竄活板』、『走簷穿』等等的具體練法也說的如此詳細。」「這已經大大犯了武行大忌，」「要不是先生說，找你來一談一敘，」「我們倆本來早已想先下手做掉你。」「那麼哪還有讓你活到今日的份？」「走吧，去先生面前說去。」

老衲聽到此處，早已是冷汗直冒。擋人財路如同殺人父母，說真話講真東西向來容易得罪人；老衲自知說出來的很多東西，都是各派賴以為生的秘傳真貨；可俺真不知道江湖上的利益糾葛，居然可以到了如此嚴重，命懸一線的地步。

正在思考間，那一左一右的紅衣女子已經一晃身，施展輕功，聲音已在七丈之外，如銀鈴般脆響地嬌笑道：「從這裏到松山機場，」「我們先跟你比比輕功。」「趕不上我們倆個不打緊，」「但若是你趕不上飛機……」「那麼先生之約自動取消，我們倆姊妹先宰了你！」

老衲聽到此處，別無選擇，拿起電話撥給主管，告知她俺即刻起開始請長假，甚麼時候能回來並不知道；而邊說話間，腳下已動起心意六合拳的踩鷄步，奔逸絕塵地追了上去。

2

那兩位紅衣女子的輕功天下無雙，老衲當然是拍馬也趕不上的。等俺到了機場時，早已是大汗淋漓；而看到兩位紅衣女子早已在機場點餐吃東西，好整以暇地坐在餐廳吧台桌上。

等老衲走到她們面前，她們才將機票與護照交給老衲，吩咐說道：「我們在台灣還有事情要處理，便不與你一起過去了。」「你到那座城市以後，自有接頭的人會帶你去防疫酒店，」「等隔離十四天之後，會再有人帶你去先生在北角的住處。」

於是老衲點頭說好，收下護照與機票，便逕往那座城市飛去。

到了那座城市之後，老衲忍不住感嘆；生平不知來過這座城市多少次，可小時候來找慕容前輩的時候，整座城市一片歌舞昇平的歡笑榮景，這次再來，不論是海關的工作人員，又或者是機場的武警巡查，都帶著一股肅殺之氣。雖然說這座城市向來以金融著稱，而金屬秋，代表的是西方金的肅殺秋意，可是咱中國人講：「和氣生財」，整座城市充斥著太多戾氣，到底不好。

閒話休提，做完入境檢測之後，老衲便被專用的士帶往銅鑼灣的隔離酒店入住，那間隔離酒店不錯，俯望大銅鑼灣區的繁華，老衲下了的士，多給了司機先生一些小費；司機先生舉了舉手以為謝意，隨後揚長而去。

先生幫老衲訂的隔離酒店很好，換洗衣物早送了進來，盥洗用品也一應俱全，都是隨用隨拋的；待在隔離酒店的時間很長，老衲卻也不無聊，天天練練心意六合的老三篇搖閃把、韌勁、龍調膀打發時間，也很快就過去了。

在心意六合的訓練系統中，搖閃把練的是丹田球的上下中軸之力的調動，而韌勁與龍調膀則正好是丹田球橫剖切面的轉移滾動，這三個把位在丹田球的正中心構成了一個十字線的骨幹軸心，先搞好這最重要的核心鷹架，再逐步往上疊加，科學實際的不得了。不過，很多心意門的後學者卻對這類基本功嗤之以鼻，說上海的盧嵩高老師到晚年只練單把一招，並憑一招單把就可以走遍天下云云；其實那是他們門外的人不了解心意六合的訓練體系所致。

在心意六合的訓練體系中，前頭是散勁，後頭要用幾個大把位來將前頭的東西一以貫之的串接起來，好比一串葡萄，前頭散勁就是那粒粒分明的一顆一顆葡萄，而單把則是葡萄串裏的葡萄梗蔓，將前頭練的野馬奔槽、撥草尋蛇、大劈小塌等等串接起來。可是若是你前頭的基底功夫下的不夠，那麼苦練單把想要一招打死人，也是非分妄想而已，不值一提。

閒話表過就算，很快地日日練功，十四天的隔離期就過去了；當第十五天老衲下樓的時候，一輛嶄新的電動跑車停在樓下，裏頭的帥哥拉下車窗，向俺一伸手打招呼道：「我姓溫！你便是老衲吧，是那位先生叫我來載你的。」

那姓溫的帥哥很快地載老衲到了北角的一處大樓，停在樓下，遺憾地與老衲握手：「老衲，真想上去與你和先生一塊聊聊；無奈南方有變，我太太的一些族人們先前移居當地，無奈卻也被那場軍政府的政變給扯了進去。我待會還得趕著一起與我太太潛入邊境，共同將她的族人一起救出來……這次，便先讓你與先生單獨會面了。我們都是絕頂人物，總還是會再相見的，改日再敘。」

說完這話，姓溫的帥哥便匆匆開車走了。

老衲望著那台電動跑車的背影，不禁感嘆，暗想道：『有時真覺得練武人的世界太小了，只是些打打殺殺誰高誰低；看看世界上各自精采的人物，他們的世界是多麼的遼闊啊！』轉念又想到：『難怪宮本武藏老年的時候，一直向熊本城城主提出超額的俸祿，甚至開出了當時文官幾乎也拿不到的八百石；俺如今細思，恐怕武藏他老人家也是不甘心咱練武人給瞧不起，非要與城主拿一個超額俸祿來證明武功在這個世界上的價值吧！』

正在老衲胡思亂想間，已按著那姓溫的帥哥給的地址坐電梯上去，出了電梯拐彎右轉，在那扇門前踱步了好一陣子，這才鼓起勇氣，按了門鈴。

豈知門還沒打開，裏頭便傳來一陣爽朗的笑聲，哈哈哈哈，只聽那把豪爽之至的老人家聲音道：「老衲你來了？門沒鎖，直接推門進來吧！」

3

老衲推門進去以後，那位先生巍巍顫顫地站在門後，五短肥厚身材，卻是笑容滿面可掬；老衲一見先生，連忙搶到跟前，扶著先生道：「先生客氣了！您莫站起來，請回座、請回座！」先生開心地抱著老衲，大笑四聲後說道：「終於見到你了，不簡單啊！少年英豪！還沒公開露過一面，便已大名滿江湖——連當年的布魯斯，都還做不到此處。」

老衲知道那位先生當年見過武行前輩布魯斯，連忙說道：「俺萬萬不敢與布魯斯前輩相提並論！人家可是譽滿全球，老衲算哪根蔥呢？」

那位先生呵呵笑道：「當年我打了布魯斯三拳，如中鐵板，三拳一過，拳峰還差點腫脹起來；事後雖然覺得他的功夫凌厲，可我始終覺得那只是外家的橫練武功——怎麼樣？老衲你怎麼看這事情？」

老衲一聽先生此問，不由得驚出一身冷汗。想那布魯斯前輩乃是那個時代的一方霸主，俺評低了冤枉前賢，評高了又有失公正；側頭想了片刻，於是回道：「前輩功夫老衲不敢妄評。不過武功裏有一句話叫做『百煉鋼成繞指柔』，俺實話實說，個人以為布魯斯前輩的武功已是精鐵純鋼的登峰造極；不過如果再給他老人家十年，好好將純剛之勁轉化成如拂塵般的繞指柔勁，那麼可能又是另外一個境界了。」老衲頓了頓又道：「不過除此之外，俺對布魯斯前輩是佩服得一蹋糊塗；俺以為他老人家是真正將傳統武功轉化成擂台競技的史上第一人，光是這點，便足以在武功史上留下濃墨重彩的一筆。」

那位先生聽了老衲的話以後，呵呵大笑：「名不虛傳，果然敢講真話。好小子，真有你的！」

倆人說話間，老衲便將先生扶回座位上，看看左右，並沒有那位名震天下，據說已經超脫人類範疇之外的夫人；老衲忍不住好奇並問道：「怎麼沒見到夫人？」

先生一指房間裏頭，說道：「正在裏頭睡覺。她近年來不知道得甚麼怪病，智商回到七八歲小女孩模樣，幾乎連生活都不能自理；所以我這幾年冒險活動便做得少了，主要都是在家伺候她穿衣喝水吃東西，哈哈哈哈！」

看著先生的爽朗神情，老衲不禁深感佩服，天下間有幾個人能夠放下一切，在愛侶生病時寸步不離地照顧呢？俺道：「先生好情意，真正做到數十年如一日，不簡單。」頓了頓又道：「只是先生找來那一對紅衣雙生女子召老衲來此，可把俺嚇得半死；她們說若是不從，她們便要下手做掉老衲呢！」

先生一聽到此說，哈哈大笑說道：「那兩個小妮子是越長大越調皮了！你別聽她們瞎說。她們此行是去調查你們那邊的缺電缺水問題，據說這件事背後有……有一些不是人類的人在掌控著，不過具體怎麼樣，還要等她們回來跟我回報。」

先生一拍俺的肩，又說道：「我這次找你來，是想跟你請教一些事情。」

「那怎麼敢！」老衲聽先生此言，立時正襟危坐，恭恭敬敬回道：「先生請問。老衲但有所知，絕對知無不言、言無不盡。」

先生笑了笑，慢條斯理地泡了杯清香的龍井茶給老衲，老衲趁機細看先生的屋子，沒想到喏大書櫃上，居然稀稀落落地沒有幾本先生自己的書；老衲忍不住暗想道：『原來一代文豪與傳奇人物，住的是地方是如此樸實；甚至連幾本自己的書都沒有留下，真是瀟灑之至。』

正在想間，先生的茶已泡好，端放在老衲的眼前，先生道：「老衲小友，趁熱喝吧！那是我乾女兒拿來的上好龍井。」

老衲端起龍井，先聞香，再舐味，果然一股若有似無的清香在喉頭裏暈散開來，俺忍不住讚道：「好龍井！這茶種的那塊山頭，若不是靠些關係，恐怕是拿不到一兩二兩這等春茶的。」

先生見多識廣，哪裏會瞧得上老衲的瞎評，靜靜等老衲將茶杯放下後，才切入主題道：「小友，我一直心頭有一個疑問，也與朋友們做過多方設想，但始終不得其解；因此今日才找你來與我做一個討論，希望能設法找到這個問題背後的答案。」

老衲忙道：「先生快請說。」

「那麼我便有話直說了，」先生道：「當年在我的時代，就算不說那布魯斯好了，也有許多真正的傳統武功高手。我的兩位師父那就不用提了，除了他們之外，比如說我岳父、比如說我的妻子，又比如說金沙江畔的那個刀手，又或者是我的叔叔……總之舉目望去，武功高手比比皆是，端看個人下的功夫深淺，並不稀奇。」先生頓了頓，像在思考一個非常困惑的問題，又做了一個他那個著名的手勢之後，又道：「可是怎麼到了最近，傳統武功的高手紛紛銷聲匿跡？電視上看到的盡是癟三？給粗野漢子三兩拳就擊倒的胖子、瘦子……那個雷甚麼又馬甚麼又丁甚麼的……都給那粗野漢子簡單三兩拳擊倒；這……這與我當年看到的完完全全不一樣啊！」

先生說到激動處，忍不住一拍桌，喝道：「莫不成……這其中又是外星人攪的鬼？」

4

老衲一聽先生此言，大吃一驚，忙道：「先生此話怎講？」

先生道：「在過去，南拳北腿都有能打的高手；可是到了近幾十年，中國的傳統武術好像忽然通通都變成一堆破銅爛鐵，這其中到底出了什麼問題？我雖然不問江湖事久矣，可常常上網看電視，看到這種現象，實在是令我匪夷所思……」他重重地將拐杖一頓地，說道：「這種怪異莫名的現象；我想，除了有外星人干涉之外，再也沒有甚麼其他的可能解釋了！」

先生的言論向來是以天馬行空著稱。雖然老衲在來見他以前，早讀遍了先生的所有著作，對他這種跳躍性的思維模式並不陌生；可真當他面對面地認認真真地跟老衲說起他的這個天馬行空的推論，還是令俺震撼莫名，瞠目結舌得不知如何以對。

先生不管老衲目瞪口呆的反應，滿懷熱切的表情，探身又問道：「怎麼樣？老衲小友，若論對武林掌故的熟悉程度，你恐怕只在我夫人之下而已；近年來她生了病，很多過去的記憶早已不復存在，因此這個大題目我也只能找你討論而已。」

先生問的這個問題，牽扯的範圍實在太廣；老衲雖然人稱機變百出，卻也一時間找不到甚麼說法來回答他，只得學著先生的模樣，用力一揮手，做一個暫且暫停的手勢，並站起身來，在先生的客廳中來回踱步。

「先生提出的這個角度，似乎也不無可能……」老衲走了幾步，喃喃自語說道。

先生看起來十足興奮，撫掌大笑道：「是不是！當一件事情找不到其他可能的時候，剩下的可能，就是唯一可能的事實！」

老衲笑道：「先生這句話說的真好；不過這句話應該是來自上上個世紀，早先生一輩的大偵探夏洛克・福爾摩斯（Sherlock Holmes, 1854.1.6-?）說的。」

先生一揚眉，說道：「有何證據？」

「這句話如果用中文說起來，有些拗口，所以他並不是中文原生的詞句；」老衲笑道：「但是如果用英文唸來，便知道這是崇尚理性主義的牛津大學裏的標準老英文。原文是：When you have eliminated the impossible, whatever remains, however improbable, must be the truth.這裏頭將英文用詞的邏輯正反辯證特色運用得淋漓盡致。在十九世紀的老牛津學院裏，這是一句不管是老師教授或者是學生研究生都朗朗上口的英文俚語，並不是某個人的專用詞；只不過後來隨著華生醫師（Dr. John Hamish Watson, 1852.7.7-?）將福爾摩斯的事蹟記述出來，就變成當年歐洲知識圈中人人朗朗上口的一句話了。」

先生點頭嘆道：「還是老衲你有學問。我讀書太廣太雜，可能從哪裏讀過福爾摩斯的記述，想也沒想便用上了；今天要不是聽你說，還不知道這句話原來有那麼大的來歷。」

老衲用力一揮手：「別管那句英文了；先生您剛剛說的推論，俺想了想，好似大有可能！」

先生嘆道：「我雖然想出了這種可能性，但是，並不知道究竟是哪路神仙的傑作，又或者是說，他們究竟為了甚麼要這麼樣做？」

老衲見到先生的時候，先生年紀已大，坐下沙發椅上以後便不易站起；老衲心中暗嘆道：『先生一世英雄，自己當是不在意身體狀況的；只是本來想找先生比比武，看來是沒有這個可能性了。』

老衲重新坐下坐在先生的身邊，給先生倒了杯茶，說道：「先生，俺依您習慣，先重新從最原始的理路談起。」

「好！」

老衲緩緩說來：「其實中國武功的淪落，細細想來，似乎是從……新政權掌握全國以後才開始的。」

先生用力地一揮手：「這不通、這不通！當年我叔叔在那政權裏位居高職，還有我小時候的老朋友，也都在那個政權裏是獨當一面、呼風喚雨的人物；我聽他們兩個說，當時組織裏都還有很多武功高手，而民間也有，所以組織裏不得不招募一些武功高手，來保護……」

「來保護最高領袖！」老衲驚喜地大喝一聲，連叫道：「俺懂了、俺懂了！原來是這樣。」

先生笑道：「你別急，慢慢將你的想法整理說出來。」

老衲搔搔頭：「其實俺也不知道這樣的推論對不對，不過俺以為這是最接近的想法了。」

「但說無妨！」

老衲深吸了一口氣：「當年的最高領袖，那是何等樣的人物！靈竅百出，戰無不勝；而他最厲害的地方，不在於詩詞歌賦，也不在於行軍佈陣，而是在於……」

先生叫道：「最高領袖的最厲害之處，在於他能控制人心！控制思想！將萬萬人的思想掌握於他一身，好不厲害！基督佛陀老子阿拉，恐怕在控制人心這點上，功夫都沒有最高領袖的十分之一！」

老衲微笑道：「將傳說中的ABCD與最高領袖相提並論，怕是有些不妥，畢竟不是同一時代的人；所謂的『俱往矣，數風流人物』……」

「還看今朝！」先生大笑，又抱著老衲拍了拍俺的肩頭：「人老了，能夠找到一個可以說得上話的人真不容易；你若有空，多來這座城市找我玩，我身體近幾年越來越是不行了，若能常常看到如你這般的後起之秀，也是老懷堪慰。」

老衲聽先生這麼說，眼眶也有些濕潤，低聲與先生說道：「先生放心，俺有空一定多來。先生一生跌宕，奇遇不斷，想是天佑之人，必能長命百歲的。」

先生笑道：「死亡沒有甚麼，不過是轉換成另外一種生命形式而已，你要多讀我的書啊！老衲小友，我看你神色不霽，眉頭深鎖，想必最近又有甚麼想不開的事情吧？」

「先生沒學過相術，看人卻是奇準。」老衲喟然長嘆：「先生有一閒章曰：『豈止八九』，典故來自人生不如意事十之八九……可是這人生啊……若真要算起來，又『豈止八九』呢？」

「老衲小友，你居然也懂篆刻？你可知道我是……」

「如雷貫耳，先生是無師自通的篆刻高手。」老衲笑道：「先生當年間關千里，除了身邊一匹瘦馬之外，手上還拿著一塊肥皂；每次過關時都自製過關文書，而通關文書上的印鑑全是那塊肥皂上刻出來的。反正那些把關的官員也沒文化，看那章蓋得越大越好，先生就此蒙混過關，才到了這座自由的城市。」

先生聽老衲將他年輕時的得意之事歷歷如珍般數來，哈哈大笑，先生是豪爽人，立時從桌櫃底下摸出一塊山形的自然章來，又拿出一支金色篆刻刀，邊撫摸著那塊山形自然章，邊說道：「想刻塊章給你……刻甚麼好呢？」

老衲大笑：「先生若送章給俺，那全不稀奇，是一個神仙渡凡人的態勢；可老衲這個人向來心高氣傲，雖然極喜歡先生與極崇拜先生，可是並不在乎先生送我東西。」

先生挑眉：「難得！我要送人東西，卻還從沒有被人拒絕過的。」

老衲笑了幾聲，從先生手上一把搶走那塊山形章與刻刀，說道：「與其先生送我東西，不如我送先生東西吧！俺刻圖章雖然不精，倒也玩過兩三天，不如就來個『急就章』——讓老衲送先生一塊章，不知可否？」

先生聽得趣味盎然，問道：「可以。只不過不知老衲小友你要刻甚麼章送我？」

老衲沉思半晌，打個彈指：「有了！先生有一塊『豈止八九』的閒章，那麼俺便給先生再刻一塊『一二足矣』好了。」

先生國學造詣是何等深厚，一聽就明，呵呵大笑道：「『一二足矣』。好詞、好詞。」

老衲的那塊『一二足矣』布局極其簡單，沒幾分鐘便一揮而就；先生把玩起來樂不可支，還蓋在了他的一本皇冠出版社出的書裏頭。蓋因皇冠出版社當年出版先生的書的時候，頗具巧思，將先生蓋有閒章的專用稿紙印在最前頭；而先生將老衲刻給他的章也蓋了上去，與他其他的閒章並排，頗有自賞自得的意思。

（後來聽先生說，好似有一個叫做甚麼山的出版社要出先生的選集，需要照片資料跟先生要；先生居然連那塊蓋有老衲『一二足矣』閒章的頁面也一起給總編輯發了過去，不知是他老人家忘了那頁被蓋過章，還是真喜歡老衲那塊章，故意要夾帶進去的意思。）

（不過以上都是後話，與故事無關，可以略過不看！）

老衲與先生刻完章以後，又就中國的篆刻藝術與技巧等等討論了一陣子；當兩人正要轉回討論的主題上時，卻見到一個慈祥而美麗的女子，從先生的後堂裏走出，手上還端著一盤水果。

「家裏好久沒來客人了，當家的怎麼沒叫我？」

老衲深吸一口氣，腿不動手不撐，整個人已從沙發上彈起直立，一閃身便到女子跟前，接過那盤水果道：「名動宇宙的夫人親自削水果給老衲吃；罪過、罪過。老衲這廂給夫人請安了！」

5

老衲接過夫人手中的水果盤，放在桌上，又攙扶著夫人入座；這才坐定，吃過幾片水果（那座城市裏頭甚麼都好吃，就是水果略遜老衲的故鄉一籌，哈哈！），客套幾句，老衲將來拜訪先生的前因後果，又重新向夫人敘述了一遍；夫人靜靜地聽著，並不說話，隨後又拿了一支上好柚木雕刻的龍頭拐杖給先生撐扶著，三人才重新切入正題。

先生道：「年老腦昏，剛剛我們說到哪裏去了？」

老衲道：「剛剛正與先生討論到，俺認為中國傳統武術的衰落，是從新政權掌握全國以後開始的，可是先生並不同意。」

先生搖頭：「是啊！從我種種的回憶錄裏頭可以知道，當時的世界，仍有許多傳統武功的高手；若要說從那個時候開始武道不彰，似乎有些牽強。」

老衲微笑說道：「先生的好朋友，那位著名的美食家曾經說過一句話：『一家餐廳的衰落，不是它業績開始下滑的時候，而是餐廳老闆開始決定在食材與人才上偷工減料的時候』

——先生以為然否？」

先生用力地揮了一下手，說道：「相交數十年，老友的話，哪裏還有錯的？」

夫人在旁邊忽然道：「啊！我懂了。」

先生急問：「我都還沒有懂，妳又懂了？」

夫人笑道：「你就是這心急的個性，數十年不變；你們前面討論到，當時新政權掌握全國時，組織裏與民間中仍有許多武功高手，是不是？」

先生道：「是啊，那又……」

夫人微笑說道：「既然當時的環境中還有那麼多神出鬼沒的武功高手，那麼最高領袖難道會放任不管？要知道最高領袖的個性可是……」

先生哼了一聲，說了一句曹孟德的名言：「『寧可我負天下人，不可天下人負我。』」

夫人接著說道：「是的。最高領袖本身就是靠梁山聚嘯式的游擊戰開始打天下的，在這過程中也藉助了不少江湖上能人異士的力量。可待得最高領袖奪取最高權力之後，江湖上還是放任著那麼一大票的武功高手，他老人家又怎麼能夠睡得安穩呢？」頓了頓後又道：「所以老衲的意思是：從最高領袖掌握全國的那一刻開始，他便開始制定要掃除這些傳統武功高手的計畫了。」

夫人這一連串的話說將出來，邏輯縝密，讓老衲聽得目瞪口呆，忍不住連連讚嘆：「江湖傳言先生的夫人比先生還厲害，智比黃蓉，貌勝龍女，果然是名不虛傳。」

先生聽了老衲這話，不以為忤，一把抱起夫人，大笑說道：「可不是嘛！我年輕的時候還有點不服，那個不是人的東西組成的協會不讓我進，偏讓她進。嘿嘿，著實不以為然了好一陣子；不過近幾年我已經想通了，夫人的確比我優秀，沒話說、沒話說。」

老衲向夫人敬了一杯茶：「夫人能夠進入那種由『不是人的東西』組成的協會，固然成就非凡；不過老衲更欣賞夫人的是，夫人曾經加入過一個全由聾啞殘疾人士組成的堂口，並在關鍵時刻幫助了許多的聾啞殘疾人士，那才是真正了不起的事！龔定庵的詩：『東山妓即是蒼生』，入世法比出世法更難修行，老衲敬夫人一杯。」

夫人笑呵呵地也端了一杯茶，一口喝乾，又道：「老衲你詩背的倒挺多，難怪與我當家聊得來。」隨後又擰身掙扎，掙脫先生的懷抱，坐回原來的位子上。一對愛侶的親密舉動，是人世間最美好的賞心樂事之一，老衲靜靜地欣賞先生與夫人的互動，並不打擾他們。

過了一會兒，先生才繼續說道：「老衲你的意思是，當時新政權一掌握全國，最高領袖便開始下一步的計畫：掃平神州大地上所有的武功高手，是也不是？」

老衲點點頭道：「是的。不過如最高領袖這般大人物，做甚麼事情，格局都非俺一般凡人所能設想，他的一步動作，可以同時有好幾步後著，也可以同時達到好幾種不同的目的；是以最高領袖掌握全國政權之後，祕密地盤算了十幾年，最後才一齊動手。」

先生與夫人同時咿了一聲，先生還是嘴快：「動手？有何證據？」

夫人雖然第一時間沒想到，卻也立時反應過來，長嘆一聲：「當家的，老衲說的是那十年的……浩劫啊！」

（老衲後來偷偷用唇語問先生：不是說夫人這幾年臥病在家，記憶退化，變得不問世事了嗎？怎麼忽然之間又恢復到原來那個聰明伶俐，智慧深沉的姿態？先生嘆了口氣，說：這恐怕是那間北歐的醫院的傑作；他們說有辦法治癒夫人，卻……時靈時不靈的。老衲見先生難得露出些許落寞之色，也就不好意思再追問了。）

先生一拍手，大叫道：「原來如此！我一直以為那十年間的瘋狂是……」

老衲搖了搖頭：「最高領袖的心思，又有誰能摸得透呢？不過從結果來看，他一發動如此活動，有好幾個目的都同時達到：剷除政敵、毀滅文化、讓萬萬人民齊聚一心膜拜著他，也讓各種外國勢力承認他是全國的唯一領導人……這麼大的計畫，花費十年搞一場活動來一次達成，這種格局規模與氣派，放眼古今中外上下五千年，恐怕也只有最高領袖可以做得到了。」

先生嘆道：「這麼大規模的運動，要在其中加入一個毀滅中國傳統武術的小小目標，恐怕只是枝微末節中的一件小計畫而已。」

夫人道：「原來如此，這麼一來便說得通了；我爹的好幾個朋友當時仍在新政權的掌握之下的，通通都……」

老衲嘆道：「那十年動亂，整死冤死的人不知有多少！武功高手們的折損反而顯得是微不足道；不說別的，光說俺心意門盧嵩高老師的回族大弟子李尊賢先生便是……還有醉鬼張三的徒孫許維仁、形意門的薛顛、八卦門攔手門三皇砲捶門的……太多太多了，在那個十年動亂的時期，誰敢喊自個兒是練『能打』的武術啊？怕不給扣頂帽子鬥臭鬥倒？哎……」

先生到底還是先生，年紀雖大，思慮仍舊清晰，側頭想了一想，又問道：「可是，只憑那十年之功，似乎並不足以將傳統武功的一眾高手與龐大傳承給連根拔起才對。」

夫人道：「當家的你別著急，老衲應該還有話沒有說完。」

老衲嘆了一聲：「先生說得對，武功高手千千萬萬，若僅僅只是靠那十年的動亂，那麼肯定有許多漏網之魚逃去；最高領袖一旦決定要做甚麼事情，他的思慮之周詳，計畫之嚴密，是一般人絕想不到的。」

老衲望著先生家的天花板，細細想來這近數十年來武術界的各種發展，緩緩說道：「以老衲所知在那十年動亂的大動手之前，最高領袖便已下令成立各式各樣的官方武術協會，將武術統一標準化，而且還給出了最高方針：那便是『武術是要為人民健康服務的』，所以一切以『健康』為主，技擊為輔；而到了十年動亂之後，武術的傳承恰巧青黃不接，這時候最高領袖再下了一道御旨：以後但凡是『武術』，那麼皆要以『套路表演』作為準則。這條準則一出，中國的傳統武術，算是走到盡頭了。」

先生吃了一驚：「以『套路表演』作為武術評判的準則？這條規矩，雖然聽起來荒謬莫名，可是……可是似乎也不到可以影響如此巨大的程度……」

夫人在一旁搖搖頭：「當家的你這可就想錯了。你自己想想，你生平所認識的武功高手，有哪一個是以練習『套路表演』而成就武功的？」

老衲道：「夫人說的是。更可怕的事情是，以『套路表演』為評判準則，這條規矩一經官方發布，那變成了舉世不移的鐵律；但凡練武術，莫不以套路表演的好看程度為標準——自此以後，所有有志於武術的大好青年莫不入此彀中，從此，就再也練不出真正的武功了。」

夫人忽然微笑說道：「最高領袖向來熟讀史書，據說資治通鑑就讀了十七八遍；其實這樣的法子，歷史上也曾出現過一次；當家的你想到了沒有？」

先生側頭想了一想，忽然拍掌說道：「初唐之際，各路藩鎮割據勢力龐大；後來唐太宗借前朝的辦法，重新搞活了科舉制度，而讓天下的青年才俊都去鑽那寒窗十年苦讀的死路子，便不來與他花心思割地爭王了。據說唐太宗後來看到青年們汲汲營營地在御史府排隊等考試的時候，大笑著說了一句：『天下英雄，盡入吾彀中矣！』——最高領袖的這個改武功為套路，並弄成官方唯一認定標準，讓天下有志於武功習練的青年通通變成只知道要弄花拳繡腿的雜技班，這心思可說是與唐太宗異曲同工了！」

夫人微笑唸道：「『唐宗宋祖，稍遜風騷』……以最高領袖對唐宗宋祖的了解程度，肯定是熟知這個故事的。」

先生搖了搖頭，說道：「這其中還是有一點不通之處；那最高領袖從來沒有入過武行，怎麼可以將練武人的心思與練功過程的微妙弊病，掌握得如此之透徹？」

夫人笑道：「當家的你忘了，最高領袖雖然從未入過武行，可是，他那姓周的軍師可是……」

老衲一拍掌：「夫人果然見多識廣！想那最高領袖的軍師，當年據說是形意八卦門的高手；但他對外從來都是說：只學過兩三天、只學過兩三手，如此地敷衍過去。」

夫人冷哼：「自古以來但凡是懷大圖謀之人，必能深抑一己之光彩；是以動心忍性，增益其所不能。如果那軍師對武行不了解，又或者身上沒有驚人藝業，又怎麼能夠組織一幫子地下情報人員與戴老闆手下那群狼虎之徒周旋對抗？還在十數年間便將戴老闆的情報體系破壞得千瘡百孔？要知道戴老闆手下的舊勢力包含著傳統的青幫、洪門、哥老會等等的能人異士；那軍師居然可以自組一幫新型態的情報組織，唯他是尊，將傳統舊社會裏的九幫十八會的地下組織網盡數剿滅——這豈是一個從沒入過武行、從未好好練過武功的人幹得出來的大事業？」

老衲嘆道：「勘破世情驚破膽——很多事情一深想——細思極恐啊！前頭老衲與先生討論到，最高領袖是要弄人心的高手，這條『練武功只問套路表演不問其他』的規範一出，天下人莫不以此為準繩。就連老衲最近出山教拳，都還常常被人問有沒有甚麼協會執照擔保、又或者問俺學成之後，能不能在套路比賽裏頭奪冠呢！可知這項規則的影響之大……」

先生聽到此處，忽然雙眉一軒，打斷老衲，說道：「老衲你說你現在在外頭教拳？」

老衲被先生此話問得一頭霧水，只答道：「是的，怎……」

說的遲、那時快，就在此時奇變陡生；先生不等老衲將話說完，忽然一舉手將手上的那隻柚木龍頭枴一旋一劈，從半空中照老衲的當頭天靈蓋上直直地敲了下來。

6

上回說道，先生猛一詢問老衲是否出山教拳，卻連老衲的回答也沒聽完之際，手中的柚木龍頭拐便一旋上天，從當空直直地敲了下來。

老衲當時腦中一片空白，完全摸不著頭腦先生為何要突然對老衲動手；可是那狀況也真沒有時間深思，一閃身，便從原來坐著的沙發椅上竄了出去，先閃避過先生的這一擊。

老衲這一下從沙發椅上斜竄出去是有名堂的，那便是心意六合拳中著名的「噴意」；

一股丹田氣向上一提，不靠腿力支撐，身子便會騰空而起；而如果再加上心意六合的「龍折身」身法，那身法便從垂直騰起變成斜竄而出，不過是一動念一眨眼的瞬間，老衲已站挺落在客廳的角落。

老衲原以為這一下身法的展現足夠閃開先生的龍頭楞，卻沒想到獨步宇宙的先生卻也不是善與的；他那支龍頭楞向下一劈，老衲一斜閃，那支龍頭楞卻像目標定位的自動化飛彈一樣，也追著老衲的身子刺了過來。

別看先生此時八十多歲，身子一副肥厚顢頇的樣子；那龍頭楞一劈未中，隨即順著老衲斜竄出的勢子又追刺過來，那龍頭楞居然像是一支活物一般，連帶著先生的身子也帶離沙發椅上，整個人人與楞合，向老衲疾刺而到。

說的遲、那時快，老衲才剛竄離沙發在客廳角落站定，先生與龍頭拐卻已雙雙殺到，直刺老衲頭面，來不及深想，一低頭再以一個燕形抄水勢低頭閃過。

「別顧著閃！接招！」先生忽然大喝一聲，如半空中炸了個驚雷，口中喝道手中卻也不停，龍頭楞在半空舞了個小圈，隨即斜劈過來，直取老衲的頸動脈。

先生的拐這一下斜劈劈得是角度方位恰到好處，恰巧將老衲幾個閃躲的方位封得死死的；本來若以心意六合的九宮步，還是儘可以閃得過去；可是先生家的客廳中除了一方矮桌之外，腳邊更堆滿著層層疊疊別人送他來品評品題的新書，腳下可供騰挪的位置實在不大；而老衲正轉念間，忽聽先生如此喝道，龍頭楞也已挾著風聲疾劈過來，說不得，只能硬接了。

心意六合拳的武功最講究的就是在實戰時心念一動，手腳就要自動跟上搭配；此時老衲已動了要硬接的念頭，手上的龍蛇兩勁便滾滾而出，這龍蛇兩勁講究的都是曲線力而非直線力，柚木龍頭楞雖硬，但憑老衲小臂上的硬功夫配合蛇撥草的滾動纏繞勁法，一出手，刷地一聲，卻已將先生的龍頭楞抓在手中。

老衲當時手中一感覺抓實，喜悅之情還來不及油然升起，只聽到耳中鏘啷一聲，便已知不妙；原來先生的龍頭楞另有玄機，是一隻拐中劍，先生待老衲將拐抓實，鏘啷一聲已將利劍出鞘（那支柚木龍頭拐原來是一支劍鞘），一抽回身，不加思索地又向老衲的心窩處刺了過來。

此時老衲與先生距離極近，閃躲無門，恰巧那一陣子在練心意六合的揉丹棉身功，想也沒想，硬生生地將身體軀幹部位的中段側向橫移硬拉開了兩三寸，讓先生的拐劍在老衲的腋下對穿而過；隨即老衲雙手向內一合，急拍先生的手中之劍，先生畢竟年高，這一下劇震之後再也抓握不住拐劍，那把劍才終於被老衲奪了過去。

這一下奪劍雖然角度距離妙到顛毫，是老衲生平的得意之作；可卻也付出了代價。老衲的脅下與兩手小臂上都被拐劍割出了血，傷口雖然不深，可是滿衣滿手鮮血淋漓的樣子，卻也頗為狼狽。

老衲一抓拐劍在手，正要問先生到底意欲何為？先生卻搶先大笑了起來。

「老衲小友，你功夫雖然練得不錯，可是有一個致命的缺點。」先生笑道。

老衲一頭霧水，轉頭望著夫人；夫人輕輕撿起那掉在地上的龍頭枴鞘，向老衲遞了過來，才解釋道：「當家的愛護你。見你年紀輕輕卻已在江湖上搏得那麼大的名聲，又出來教拳……怕你將來有甚麼閃失，是以出手試你功夫。先生的個性向來莽撞成性，未說先試，如果有甚麼得罪你冒犯你的地方，老衲你不要見怪。」夫人說完話，又向老衲深深一鞠躬。

夫人這一下可把老衲急得雙手亂搖，接過龍頭枴鞘將拐劍入鞘，又趕緊回鞠幾個躬給夫人與先生，說道：「那有甚麼打緊？先生是磊落人，對俺無論做甚麼都肯定是一番好意，老衲是永遠不可能怪罪先生甚麼的。」

先生聽夫人說這些卻有些不以為然，用力地一揮手，說道：「咱爺倆試試玩玩功夫，那有甚麼？老衲你的武功裏有一個致命的缺點，你不改掉，將來怎麼死的也不知道。」

老衲見先生如此關心，又對先生一鞠躬，說道：「乞道其詳。」

先生先前動手的時候，手中之拐乍似驚蛇飛若遊龍，而身子活動起來也一點不顯老態；可一比完武，連老衲攙扶著他老人家回到座位上坐好，都有些吃力地氣喘吁吁。老衲將先生攙扶回座之後，又向夫人要了幾條棉布捆身綁手止血，這才也坐定好好聽先生的訓示。

先生道：「你的武功練得沒話說；路子正，功夫深。可是你的性格上面卻大有問題。」

老衲雙眉一軒：「有何問題？」

先生道：「武功裏頭講究一狠二力三功夫；老衲你剛才避過我的第二擊時，明明左腿微微動了一下，卻自己克制住了；而我第三下斜劈的時候，你左手抓住我的枴棍的同時，右手指爪已經就位，準備好取我三四個要害穴位……這種種的跡象顯示，你明明可以出腿將我這個行動不便的老頭子踢倒便算，或者是在奪棍同時點倒扣住我，但你卻選擇一再閃避，只回半招，不立時反擊；最後才著了我的道，不得不見血一拚將劍奪下——如此心性，要是遇上江湖上的虎狼之輩，心狠手辣之徒，你是要大大吃虧的啊！」

老衲笑道：「這一點點動作先生居然也看得出，真不愧是先生。心意六合的刮地風、捲嵐、穿雲腿，都是狠招，一取膝脛一取襠間一取心窩，萬一使上對手不殘也得重傷；更不要說心意的黑著『出手鷹捉』了。如此絕手，怎麼可以對先生用出來？」

先生還是搖搖頭：「兩軍對陣，不是你死就是我亡；老衲你想的太天真了！」

老衲被先生此言辯得沒話說，想了半晌，終於嘆道：「先生說的對。可能是因為老衲從小練功就是圖個好玩，從沒把它當作是鬥狠殺敵的工具吧；心性使然，那也是莫可奈何的。」

先生瞪了老衲一眼：「老衲小友，我看你氣質好似雪山白鳳凰，瀟灑十三郎，明明是個濁世貴公子的氣派；又怎麼淪落得到要在刀尖上討飯吃，以武維生，賣藝求名的地步呢？」

「老衲有一次遇到一個面容姣好，身材曼妙，而且氣質高雅動人的妓女；當時老衲不得其解，傻傻地問了她一句：『妳這麼漂亮，氣質又這麼好，怎麼會要下海來做這一行呢？』」

老衲回想起往事，努力地將自個兒的聲音平靜下來：「她當時怎麼回答的，老衲早已經忘記了；多年以後只想起她聽到那句問話時的表情。怎麼說呢？也許像俺這等天不可憐的孩子，無依無靠，沒有父母師長等等勢力做靠山，也只能憑著自己一份天生的本錢來這個社會上胡亂闖一闖。」

老衲笑道：「俺最近看到網路上流傳的一句話很有意思：『沒有傘的孩子，注定要在大雨中拚命奔跑』；大概就是這種感覺吧。」

先生重重地拍了他自己的腦袋一下，圓鼓鼓的光頭瞬間亮起了紅色的掌印，說道：「我真笨！怎麼問這種問題。」

（先生一生跌宕起伏，冒險事件頗豐。常常在各種『沒有一次比這次更離奇』的事件中被偷襲前後腦袋，致使先生的腦袋上坑坑疤疤，頭髮缺一塊漏一塊的，頂上很多地方髮根壞死都再也長不出頭髮了；是以晚年索性理成了光頭，但絲毫不減先生的瀟灑風采。）

先生夫人與老衲聊完武功的話題，又就一些時事與往事隨意地閒談；與先生夫人相處的時光很快樂，不覺夕陽西下，老衲怕夫人需要休息，就這麼與先生告退了。

老衲當時走的時候，先生特別叮囑：「老衲小友，你若將來想在文壇出道，可別忘了捎個消息過來，我給你寫推薦。」

老衲大笑說道：「先生的好意老衲心領了。不過俺這人一向心氣高，在武行不靠講傳承托祖師爺名聲混飯吃，在文壇也不想要靠東靠西找名人推薦出書。寫作一道好比武功，胡混不來；老衲想要出名，還是得扎扎實實地寫好作品，靠讀者追捧硬推出山，那才有意思呢！」

先生大笑說道：「『膽大妄為，天下第一』。這八個字是我當年送給我岳父的，現在他老人家已經謝世，我就轉送與你吧！」

閒話略過不提，老衲從那座城市裏起飛，回到台北，恍如一場夢境。而隔離十四天出關之後，卻忽然發現台灣有一道極其嚴重的防疫破口；一般如老衲這等平民均須隔離十四天，而機組飛航人員居然只要隔離三天便可出關。如此荒謬的規定不知是何而設？所依何來？果不其然台灣因為這道荒謬的規定開始造成大規模的傳染，而使小老百姓們陷入一種無力抵抗的僵局困局……

不過，這又是另外一個故事了。

慕容前輩

1

大夥喜歡聽老衲瞎掰故事，老衲索性再說一個，其實故事的真假並不重要，老衲曾聽柏楊說過（還是高陽？），「歷史都是假的故事，故事都是真的歷史」，真真假假，有那麼重要嗎？曹雪芹老師說，「假作真時真亦假」，真假之間，不就只是這麼個道理。

引子說完，開始講故事。

老衲年輕時，因緣際會，認識不少奇人，有一位武行裏的忘年交，複姓慕容，單名一個字，但實際具體叫啥名字，老衲年老體衰，真想不起來了，姑且以慕容前輩稱呼之。

這慕容前輩是個奇人，人稱拳瘋子，練拳入迷迷得不得了，十八般武藝樣樣精通，早年在中國大陸時打過對日抗戰，隨國民黨軍隊由北到南，一邊打仗一邊學拳，學過不少門拳藝，拜過了不少明師，在東北跟某個老拳師學過跤，在京學過形意八卦，後來到重慶學了自然門，在廣西學過鶴拳，武行中的老一輩說「人從三師藝必高」，「技不壓身」等語，慕容前輩完全用人生詮釋了這幾句話。

抗戰勝利，內戰隨之又起，國民黨軍隊節節敗退，慕容前輩隨某支部隊退潛緬甸，深入金三角，還種過一陣子罌粟，在坤沙（Khun Sa）手下做過事，但這種武人早煉成精，怎會久甘人下，在異域壓抑，一拉到關係，他便轉入香港生活，據說，他後來跟一個香港女人結婚，那香港女人是二婚，還帶著一個與前夫生的女兒，當時眾人都覺得慕容前輩愛得不值，只有他獨排眾議，堅決與此女人成婚，後來，這個繼女居然嫁了英國人，舉家搬回倫敦，連帶著也幫慕容前輩辦理英國移民，此時，慕容前輩的一票好友又大呼扼腕，連稱慕容前輩目光卓絕，早就在十數年前就布好這局了。

人生很多事，不正是如此，峰迴路轉，柳暗花明，有時疑似眼前無路，但挺過雨疏風驟之後，又是另一片光明。

閒話休提，說說正事，慕容前輩當年在老衲學拳之前，對老衲說過不少拳論，當時老衲一竅不通，後來想想，也就通了，這頗似七百年前，謝遜在冰火島上傳功張無忌，張無忌當時不懂，後來也就懂了。

所以老衲現在說的不少拳論，其實也並非是老衲自個悟出來的，而是得力於當年慕容前輩跟老衲說過不少，慕容前輩移民去英國之後應該沒有傳人，現在老衲幫他說說他畢生的武學心得，權當茶餘飯後的談資，至於是對是錯，給眾位看官自行分辨，是讚是彈都好，別來跟老衲囉嗦便是。

篇幅所限，慕容前輩到底當年跟老衲說了些甚麼？下回再談。

2

慕容前輩畢生的武學心得是啥呢？其實也很簡單，他老人家認為，所有的傳統功夫，必有一個起源的生長場景，是以天下沒有最厲害的功夫，只有最適合那場景的功夫。

舉個例子，慕容前輩生平最喜歡的兩門拳藝，便是北螳螂與南詠春，他常說中國最好的兩門拳法，便是北方王朗傳出的螳螂拳，與南方嚴詠春傳下的詠春拳，但這兩種拳法，究竟有何不同呢？

慕容前輩以為，除了外在動作與拳理架構的不同之外，一門拳法，最終還是要回歸到祖師爺創拳時的氣脈行走，這道理，他是在一次船上的私鬥中體悟出來的。

據說當年，慕容前輩與幾個兄弟一起在船上載了些「煙貨」走水路做買賣，可是那條河那幾天不太平靜，水洶浪湧，連續幾天，慕容前輩給攪得在船艙裏吐得天旋地轉，好不容易見到買家，又與買家一言不合，打了起來，槍火四射，死了幾個兄弟，最後子彈打完，只能靠徒手搏擊的功夫決生死，慕容前輩一出手，招招詠春，步步進逼，居然一手螳螂也沒用上，當時因為頭暈目眩，也沒注意，事後回想，越想越覺得此事觸動他極大，成為他一生武學的中心思想。

這事觸動慕容前輩甚麼呢？他說，他其實將螳螂與詠春都練得滾瓜爛熟，平常也都混搭著用，可是為什麼在暈船之際，生死關頭，一出手盡是詠春，居然連半招螳螂也沒有了？

慕容前輩以為，螳螂拳與詠春拳自然都是極好的拳，可是那次在船上搏鬥之時，搖搖晃晃，頭暈目眩，此時身上的氣脈會不得不走詠春拳的模式，這一點他以前在陸地上是沒感覺的，但是在船上暈眩之際，卻是非常明顯。

他以此為核心，再回想起過往所練諸拳，他認為鶴拳馬固肢彈，是崎嶇山路上搏鬥的最佳選擇，而若是在南方小船之中，最佳選擇自然便成了詠春，因此這二拳雖然許多手法類似，但內中氣脈不同，而氣脈的不同，也乃是因為祖師爺創拳時的水土風俗不同，而非有高低之別。

慕容前輩認為，除了山路拳法與水路拳法之外，北方王朗傳出的螳螂拳，當是新時代裏最符合現代擂台需求的拳術，蓋因王朗祖師當年參合十八家拳法而創螳螂，哪家好用哪家，講實用而不拘於形式，手法腿法摔法均非常豐富，是中國北方第一好拳，而螳螂拳的心法核心，其實只是「閃賺」二字，這與打擂的拳術完全相通，許多其他拳種的拳師，只要與螳螂拳接觸過，都會溶入螳螂拳的「閃賺」心法，雖然後來傳拳時，未必都會用螳螂之名，但一用「閃賺」當拳學主軸，實則已算是皈依於螳螂門之下。

不過慕容前輩的螳螂與詠春，到底是何時何地與何人何支學的，老衲當時年紀太小，從來沒有問過，對了，慕容前輩當年也跟老衲談過八卦拳，老衲都寫在一篇講董海川的小說裏頭了，有興趣的人自個去看吧。

據慕容前輩道，八卦門的功夫其實很簡單，就是一道將人百尺竿頭更進一步的工序，他說一個比喻，好比一個玻璃罐中塞滿石塊，可是還是沒填緊，這時倒入細沙，那這罐中的空間才能填滿填緊，這倒入細沙的功夫，就是八卦，所以八卦不是常人能練的，而是給高手練的，董老公當年都是帶藝投師的弟子，意即在此。

慕容前輩當年還說過一路功夫，是上古巫拳，估計是從西域傳過來的，為何如此說呢？蓋因這門功夫，所有的氣脈走向與動作，最適合沙漠中的搏擊場景，而所有的功法也最適合在沙漠中習練，這門拳法的底功只有三個動作，可是可以演變出來的變化如天上繁星，不可勝數，而且此拳的拳理譬喻都是太陽月亮與星星，正合沙漠中的游牧民族生活所見的日常。

老衲當年受了慕容前輩的影響，後來看拳時，總是往他講的那方面想去，所以才會提出形意、八極都是以槍創拳，但形意是槍棒，八極是大槍，又也才會提出心意六合應該是回族用以打群架的拳，主因可能是起源於少數民族對抗外侮，至於老衲最早提出來說，鷹爪門的功夫，可能是六扇門中的鷹爪子，用來修練擒拿與輕功的基底功夫，也是出於此論。

最近老衲見到人馴馬，那鎖住馬頭的力道奔放雄渾，豪邁粗獷，嘆為觀止，忍不住想起當年金刀駙馬在蒙古草原上馴服小紅馬的故事，又想起蒙古男兒三絕藝，摔跤、射箭、與騎術，若慕容前輩仍在世，他老人家肯定會說，這蒙古跤是從馴馬的氣勁中化出來的功夫，所以與京津兩地的跤法大不相同啊！

3

說到慕容前輩，他老人家傳奇頗多，老衲就記憶所及，再撿幾樣說說。

慕容前輩當年在中國大陸時，不知是在重慶還是成都，曾經人介紹認識蜀中第一名將楊森將軍，並與楊將軍私下交流過武功，他說楊將軍是奇人，有家傳的武功楊家拳與楊家槍，雖忙於軍旅之事久未操練，但一般三五個大漢，還真是拿他不下的。

慕容前輩生性慷慨豪俠，不拘小節，是人見人愛的個性，他說，楊將軍雖然大他幾十歲，但當他是小老弟，不見外，讓他出入官邸不禁，還曾手把手教過他楊家拳與楊家槍，當然，慕容前輩本事太多，有沒有好好練習，不負楊森將軍之教，那就不是老衲可以揣測的了，哈哈哈哈！

據慕容前輩說，這楊家拳與楊家槍，其實招式頗為單一，也沒什麼深奧的玄理，就是一家傳老拳，學來簡單實用，談不上什麼高不可攀的大境界，但練上三五個月，便能打能用。

楊森將軍說，這楊家拳與楊家槍，在他們家族傳幾十代，最遠可追到北宋開朝名將楊令公，是楊令公用以訓練楊家軍的東西，並說，楊家軍之所以在當時所向無敵，全都來自於這楊家拳與楊家槍的絕藝無敵云云。

說到這，老衲忍不住岔開一句，中國的傳統武學向來有一個古怪的傳統，便是喜歡找歷史名人當代言人，這個傳統剛剛接觸時，會覺得十分古怪，不過聽久了，再看看想想當今各大商業品牌也都愛找名人當代言人的情況，推而想之此事，也就見怪不怪。

不管這楊家拳與楊家槍到底是誰傳下來的，它的核心訓練，卻是很有得一說，據慕容前輩說，楊家拳與楊家槍，最核心的概念便是一「拍」字，化在拳中與槍中，便是「拍手」與「拍槍」，所謂的「拍手」，即是兩人面對面站著，甲方發拳出腳，乙方拍掉來拳來腳，手用手拍，腳用腳拍，甲方與乙方具體的動作不管，但求一「拍」字，可隨意動作，可攻守互換，亦可以調整節奏急緩，待熟習之後，兩人慢慢越站越近，直至在呼吸刻不容髮之際，甲方隨意出手，乙方仍能心平氣緩，從容接應。

說完拍手，再說拍槍，其實拍槍與拍手大同小異，只是拳化為槍而已，對手來一槍，這邊用槍將來槍「拍」掉，所謂「千金難買一聲響，一聲響處見閻王」即是這個意思，蓋兵刃相交，最怕沒有這一「拍」，有這一拍，一拍即入，勝負即在轉瞬之間。

不過當年楊森將軍傳授慕容前輩此法時，慕容前輩便道，這「拍」字訣雖好，不過槍法向來還是以纏絲封閉為上，不應該是「啪」一下，而應該是「刷」一下，老衲沒有好好玩過槍法，這裏只是轉述前輩所言。

這楊家拳與楊家槍，慕容前輩便跟老衲說到這裏，當然也示範了幾下子楊家拳，不過老衲以為那並沒什麼特別之處，就不畫蛇添足了。

楊森將軍後來有將楊家拳的練法寫在一篇回憶錄裏，但與老衲當年聽慕容前輩說的內容，略有差異，當然此處到底孰是孰非老衲不敢斷言，節錄相關文字貼在後頭，各位看官自個參考吧！

附註：以下出自楊森將軍回憶錄節錄——

（——前略）

我自小熱愛運動，到了八十多歲的老年，每天早晨起床以後，還要做三十分鐘的柔軟體操，用軍中跑步的速度跑兩千步，而且，不論春夏秋冬，陰晴雨雪，我從事運動的唯一原因則是必須出汗，因為我認為不出汗就不算是運動。

兒時的攀高跳遠，奔跑追逐不去談它，我在五六歲的時候，就已經開始學國術了，我的故鄉四川廣安崇尚武風，我家又是楊老令公的後裔，每天晚上，村中年輕子弟，都在曬穀壩上較量武藝，拳腳棍棒，打得十分熱鬧。我所學的國術，初階就是祖傳的楊家拳，楊家拳和楊家槍，亦即後來去了刀刃改成的彈殺棍一樣，號稱天下無敵。這一路拳入門的基本動作，名叫「推手」，一開始，兩個人面對面站好，腳跟立穩，保持身體平衡，然後甲方用右手使勁推擊，乙方立刻左掌迎拒，這一掌要攻擊胸部以上，相對二方手掌相接，必須掌心碰抵掌心，因此才會發生劈啪聲響。第二手，由乙方揮掌攻擊甲方腹部以下，甲方也出左掌相迎，就這麼你來我往，你進我退，一掌上，一掌下，動作越來越快，氣力越使越大，最快的時候但見勢如閃電，矯若游龍，推推擋擋，滿耳乒乒乓乓的聲響，參觀者眼花撩亂，練拳人全神貫注，半點失誤不得。打著打著，漸漸的腳步挪移，身姿變化，自出機杼的拳法出來了，因此這是一種最理想的拳術基本訓練。把「推手」練好，將來不論跟甚麼人對敵，對方的拳腳很少能夠打到自己身上。

練好了「推手」然後再傳授「拳架子」，就是正確而理想的拳姿，由拳架子再正式練無敵拳、無敵棍。楊家無敵棍有千變萬化的招式，耍弄時必須花很大的氣力，它攻擊的方式多，威力範圍廣，但凡練好了楊家棍的，武功已有相當的根柢，無論走到那裏，都可以從容對付一二十人。

（——後略）

慕容前輩的水路拳法

1

故事得從頭說起。

老衲約莫十三四歲時，記不清了，總之是一個還沒考高中的年紀，有次祖祖說道，小衲，我們家有個遠親，當年逃難時走散了，最近才接到他的消息，說是在香港，這次暑假你有沒興趣去香港一趟，找他學學，或許對你有些幫助？

老衲小時人傻傻的，聽祖祖這麼說，也就答應下來，當年沒有手機電腦，只聽祖祖一句話，某日某時，到尖沙咀某家大酒店，去找一位姓「慕容」的客人，說是四川來的朋友，客房自會帶你上去。

哎，那時候的香港真是好，邵氏電影，玉郎漫畫，還有金庸倪匡與亦舒，人才輩出，雖然公共建設還未如現在發達，九龍城寨也沒拆，可是人人臉上洋溢著一股朝氣蓬勃的氣兒，對未來充滿希望，舞跳馬跑，好不熱鬧。

老衲拿著祖祖偷塞的零用，好好的先在香港各大書店與二手書店逛了個遍，還買了兩個皮箱專門裝書，拖回飯店，疊在床邊，然後呼呼大睡，哎，老衲自小有買書癖，不過買書與看書是兩回事，買書的意義即是在買書本身，買而不看，也是一種樂趣。

閒話休提，終於到了與慕容前輩約好的那一天，到了酒店，嘩，金碧輝煌，老衲從沒想過原來所謂的豪華酒店，是與皇宮一樣美麗的，客房聽了老衲說要找一位慕容先生，一通電話打上去，嗯嗯說好，然後給老衲張客房卡，說你上1340套房便可。

老衲上了十三樓，找到1340房，敲敲門進去，裏頭站了幾位高頭大馬的金髮洋人，正用流利的英式英語在與一個華人聊天，那華人見到老衲，點了下頭，讓老衲坐在一旁，待他那幾個金髮洋人談完，將客人送走，他這才伸出手與老衲握手，說道，「你便是小衲吧，我是慕容，你祖祖身體可好？」

那是老衲第一次見到慕容前輩，他身材中等而壯實，皮膚黝黑，最令人難忘的是他一對眼神，閃閃發亮，像是黑夜森林中捕食的獵豹，令人一望生懼，很多年以後，老衲去北越的火爐監獄參觀，見到火爐監獄當年關押革命黨時的資料照片，雖然看不懂那些越南文在寫些甚麼，可是那些北越革命黨的眼神，亡命之徒，與當年老衲見到慕容前輩是一樣的，慕容前輩說，他們這種人是有今天沒明天的，「腦袋掛在腰間行走」，意思是隨時可以丟掉，坐穿牢底，橫屍街頭，都是轉瞬之間的事。

慕容前輩見老衲恍神，也不見怪，拉著老衲便走，出了 1340 房，從十三樓轉下到十二樓的 1240 房，又在天花板上貼了些裝置，才好好地再與老衲說話。

「娃子，我也不怕你笑話，我慕容從小是個爛眼兒，生活沒目標，後來進了學堂，得了一個好老師的教誨，才改過自新，積極向上，這個老師姓楊，是你祖祖的表弟，後來打仗的時候我認識了你祖祖，談起來，大家都很熟悉，我這次來香港落腳，誰也沒聯絡，就寫了封信去台灣找你祖祖，你祖祖家當年對我有大恩，她別的沒說，就託我教你武功，我可不能辜負她，說吧，你想問甚麼儘量問，只要是我懂的，我都說給你知道。」

慕容前輩坐在沙發裏，拍拍老衲的肩，說出這麼一番話來，可惜老衲那時候哪懂甚麼，雖然學了些粗淺的拳腳功夫，但對武學的理解差得太遠了，支支吾吾地，也沒講出幾個屁，慕容前輩笑笑，說沒關係，我隨意講，你儘量記著，將來有一天你若有興趣練下去，慢慢地都會懂得。

2

認識慕容前輩後，老衲時不時會去香港求教，慕容前輩很怪，每次見面，必定是約在酒店某房見面，而且一訂多房，常常換著走，又從不帶老衲去家裏，當時老衲年紀小，以為這些都很平常，後來越想越是覺得此人古怪，種種行為透著貓膩，困惑日久，想了此事多年，最近才想通前因後果，不過說來繁雜，容後再提。

說到香港，忍不住又想到一些其他的往事，記得有次在維多利亞港坐輪船時，隨手拿起一雜誌翻，看到一篇專欄文字妙絕，那是倪匡老爺子的公子倪震先生寫的，他寫甚麼呢，他說他父親「雅好嫖妓」，老衲當時看到，笑得直打跌，「雅好」二字是常見的詞語，「嫖妓」二字也是常見的詞語，但將此二詞連接起來，「雅好嫖妓」四字，真是千古奇詞，妙絕天下，這才稱得上叫絕妙好辭也。

可惜這篇文章，後來想找，卻找來找去也找不到了，一嘆。

慕容前輩雜學甚多，所以也是天南地北地與老衲談，沒個系統，現今老衲談拳，常常也是依此傳統，算是承接古人遺風吧，有些人覺得沒系統，有些人覺得東拉西扯，沒法子，人老了改不過來，叫老衲改，老衲還會生氣的。

慕容前輩當年告訴老衲的第一句話，便是練武功，要研究不接手的東西，「要學會打第一拳」，他說他見過香港某次很轟動的比武，當然兩個人都是好功夫，可是都在等，都不會打第一拳，很可惜的，絕頂功夫用不出來，這個觀念影響了老衲一輩子，常常想要忘掉這句話，但午夜夢迴，又會想起來這句話，繞不過去。

慕容前輩還講了些武林舊事，也對老衲影響很大，他說練武就好好練武，師徒之間，要講學術，不要講幫會，也不要講宗教迷信，他說當年傳得沸沸揚揚，咱中國人打外國大力士的故事根本不靠譜，以當年的國際情勢，外國的武功好手根本不會進來中國，蓋因外國拳手打的都是高獎金比賽，中國當年哪有這種高獎金比賽可打？那些所謂的外國大力士，不過是如馬戲團一般的江湖藝人，表演雜耍、表演舉重的，打他們這種門外漢有何難哉？給真正的練家子知道，要叫人笑破嘴。

更何況說，當年許多拳館私下與幫會掛鉤的，幫會嘛，黑的很，講經濟來源，外人到這地皮上混飯吃，是得繳費用的，這是當年梁山泊訂下的規矩，此路是我開，此樹是我栽嘛，人家外國大力士哪懂得這規矩？被打，意料中事，可是是值得宣揚的事乎？

不過，唯一例外的是日本人，慕容前輩說，日本人自古以來便有吞竊中國的野心，幾百年狼子野心不改，當年大戰前後，土肥原賢二私底下專門成立一支單位，去竊取中國的各種文化遺產，否則，現在怎麼那麼多中國國寶保存在日本啊？王羲之顏真卿的字，在日本有多少？他們敢不敢全拿出來？若是拿出來了，敢不敢說明白當年是甚麼手段拿走的？

不過慕容前輩說到這，又是長嘆一聲，說咱中國也不爭氣，若是國寶當年留在中國，不知能不能經歷浩劫仍然保得住呢？老衲不禁想到，很多年之後，老衲去倫敦看大英博物館的那些東西，固然是帝國主義的遺緒，但是別的不說，光是那中東幾項神器，若真留在中東諸國，能好好保存到現在？世事奇妙，只有菩薩能看懂因緣，凡人是想不懂的。

慕容前輩道，當時土肥原派了好些日本武功好手，可能是有黑龍會背景的，想要將中國的武功也通盤學走，許多人一開始不注意，著了道，也有好些人沒骨氣的，乾脆與日本人聯手，借日本人勢力在武行崛起，這也是各人不同的選擇吧。

3

閒談歷史之外，慕容前輩談的最多的，便是拳法，慕容前輩嗜拳成迷，他一生的武學，講究一個「用」字，他認為練拳就是要用，不用，即不能為拳，所以練東西首先要問怎麼用？用不出來的東西，也就沒有要練的必要性。

慕容前輩當年這番言論，給年紀尚小的老衲很大震撼，練武就是要用，不用，即不能為拳，真是這樣嗎？或者說，真的只是這樣嗎？又或者說，能不能先這樣，再不要這樣？老衲從小便愛胡思亂想，不切實際，至老不退，也是頗為荒謬的一件事。

當年與慕容前輩學，大多約在香港的各大酒店（飯店）中，偶爾也跟著前輩出門辦事，有時他讓老衲去傳封信，有時他要老衲去某曾某樓拿包東西，諸如此類，當時老衲才十幾歲，哪懂得什麼，前輩要你做，你便做了，後來長大一想，有些事情沒牽扯進去，實是萬幸。

扯遠了，回到拳法，慕容前輩談拳，向來不拘泥於門派招式，在他看來，功夫只分合適不合適用，沒什麼門派問題，他常說他一生所學，其實可以歸納成三路拳法，一曰陸路，二曰水路，三曰山路，分別叫陸路拳法，水路拳法，與山路拳法，如此而已，除此三路，他以為盡皆只是輔助功法而已。

慕容前輩最常講的，便是陸路拳法，他說這陸路拳法的內涵，得在一個「騙」字，動手應以「騙」為上，蓋陸地上的打架能手，都是大騙子，聲東擊西，忽南忽北，倏而處子倏而妖魔，這「騙」字不可小看，整部兵書其實就講一個騙字，兵不厭詐，詐即是騙——但這騙字有內蘊，不是瞎騙，一出手要懂陰陽虛實才能騙，一出手要後著變化源源不絕才能騙，在陸地上或擂台上動手，應以「騙」字為上，誰先騙倒誰，誰就是贏家，千萬莫小覷了這個騙字。

慕容前輩說這騙字訣時，連帶著也說了個故事，說他當年剛入緬甸時，找到巴瑪楷（Ba Ma Khet）將軍麾下庇護，那時有一緬拳訓練師對他很不客氣，總覺得他這「中國人」，是來巴將軍這白吃白喝的，常常藉故挑釁，逼他與之比試。

慕容前輩回憶起來時，仍記得那緬拳訓練師的名字，他說那人叫貌盛（Maung Shein）——可是容貌一點不盛，醜得要死，完完全全是個貌不驚人的小老頭模樣，頭頂光得發亮，雙拳硬得像鐵，兩人動起手來，那貌盛打得慕容前輩冷汗直冒，左右各接了那貌盛一腿，像是被鐵棒夯中，力道直透臟腑，腸胃翻攪，差點當場吐將出來。

當年慕容前輩到緬甸時，身上早已有無數戰爭遺下的傷，他的膽囊被子彈對穿壞死，是軍醫緊急手術取出膽囊，才得以存活，而他也在一次戰役中被俘虜，左膝蓋骨給槍托硬生生敲碎，然後被日本人拿刺刀將膝蓋骨一塊一塊挖剜出來，所以他被逼與那緬拳訓練師貎盛比試時，慕容前輩坦承，那時真是打他不過。

慕容前輩敗下陣來，可是又看那貎盛趾高氣昂的樣子，心有不甘，於是心生一計，揚頭說道：「貎盛，你我雖然年歲相當，但我身上傷多，你身上傷少，打起來並不公平。」那貎盛一聽此話，居然也頗有運動家精神，鼻孔裏哼地一聲，道：「你這中國人，輸了就輸了，不然你說還要如何？」這貎盛久在緬甸軍中，中文說得並不輪轉，但意思也表達得清清楚楚。

「很簡單，要比試你我功夫高低，最公平的辦法，是我們各從隊上找一個緬拳拳手訓練，然後讓他們對打，如此一來，才能真正知道中國功夫與緬甸功夫，誰高誰低。」慕容前輩平平穩穩地說出他的想法。

貎盛一聽，想想倒也有理，又問：「好，那你需要多長時間訓練？」

慕容前輩舉起食指：「一個小時便夠。」

那貎盛乍聽此言，吃了一驚，他萬萬也沒想到慕容前輩只跟他要求一個小時，但話既說出，也不好反悔，於是兩人便各自挑了一個體格相當，拳技也相當的拳手訓練，結果一小時後，慕容前輩訓練的那個拳手，連連將貎盛挑的拳手擊倒，氣得貎盛在場邊大呼小叫，徒呼負負，三個回合一過，慕容前輩的拳手大獲全勝。

不過賽後，那貌盛生氣歸生氣，還是走到慕容前輩身旁，拍了拍他肩，豎起大拇指道，「中國功夫，好！」引得慕容前輩呵呵大笑，兩人自此交了朋友。

而慕容前輩到底在這一小時內，教了那拳手什麼呢？慕容前輩說，其實也沒什麼，他從陸路拳法的「騙字十三法」中，選了兩個字訣好好教與那拳手，將手法盤熟，緬拳中雖也有假動作等調開注意之做法，但畢竟大開大合，還是不如中國的陸路拳法來的細膩精湛而連綿不斷。

嘿，忘了說這「騙字十三法」，原來當年慕容前輩學了陸路拳法之後，除了總結成一騙字，另外還歸納整理了「騙字十三法」，叫做「逼驚藏翻轉化切讓引請邀慣倒」，分別有其相應的手法，慕容前輩說，這每一個字，雖然分別有若干的手法腿法摔法組合，但其核心，則各自是一套騙的心法，比如說這「逼」字訣，心法在於「誘不如逼」，是幾個誘不如逼的進攻拳腳方法，又比如說「引」字訣，其心法在於「引君入甕」，著重在後著變化的必然陷阱，好比我發左拳，對手必往右閃，於是恰好撞上我起右高腿，還有一字訣有趣，便是「慣」字訣，慕容前輩戲稱，這叫「慣壞孩子」訣，好比先與對手以左右直拳對拼，等拼得幾拳之後，等對手習慣了這節奏，便忽然換成劈砸一類的垂直手法，又或者掃抹一類的水平橫勁，對手一不習慣，護手很容易被敲開掃開，門戶大開，無所防備矣。

慕容前輩給老衲細細講過這「騙字十三法」後，便說，我已將這陸路拳法交予你了，將來若有興趣深造，再去尋師將具體的動作招式補足即可，要記著，那些動作招式千變萬化，多不可數，要活學活用，不可拘泥，拳要能用而不要為動作所限，心法掌握，其他都是餘緒。

4

說到緬甸，慕容前輩說他與緬甸有緣，一生三入三出，第一次去時，本來是要跟著康師傅去打日本鬼子的，可惜老頭子不許康師傅去，陣前換將，換了軫將軍領隊，軫將軍雖然也是個好人，但畢竟隊上弟兄原來都是康師傅帶出來的，不太服他，慕容離開中國以前，被康師傅私下傳喚，說：

「雖然老頭子聽了太子爺讒言，不讓我去緬甸打日本人，怕我立功，讓太子地位不保，可這些都是上面的事，你們隊裏的弟兄別管，要記著，你們隊上弟兄此去，千萬要聽上頭的指揮，你們是為國家打仗，不是為我姓康的一個人打，日本人豺狼之性，屠殺我中國同胞，現在南方有變，得靠你們隊上的弟兄支持，若隊裏有甚麼人有意見的，慕容，你得好好跟他們說說。」

也是康師傅這麼一交代，出了事兒，當時隊上有一姓蕭的，叫蕭民，蕭民看著是一老農民樣，可常在隊上傳播有毒思想，慕容前輩講了他幾次，他表面上好的好的，私底下依然故我，陽奉陰違，慕容前輩當時年輕，雖然對蕭民不滿意，可對政治的覺悟性不夠高，到底還是當他是隊上的好弟兄，沒太在意，只是規勸，始終沒有舉報他。

說起來這也沒法，慕容前輩對康師傅的隊深有感情，他說他自小無依無靠，隊上的弟兄就如同他真正的弟兄一般，而對訓練出來這隊的隊長康師傅，是如同親爹一樣的感情，慕容前輩常說，他這輩子最感恩的人，第一是祖祖的表弟楊老師，第二就是康師傅，康師是個了不起的人，把一群野孩子各個訓練成材，出生入死，全靠他教的那一套絕活，那時康師傅的隊被外頭的人戲稱「八洞」隊，因為人人身上有八個洞，有槍有刀，四穿八孔，各個都是不怕死，水裏來火裏去的好漢。

「康師傅知道我會武功，辦事穩當耿直，常常交辦我一些特殊任務，很看我得起，有時隊裏的弟兄因為些小事扯皮，打起來，也都是我出面調停，沒法子，隊上的人大多都是老粗，你不打他們，他們是不服的，可打人不簡單，不是打贏便算，還得打得他們心服口服，事後還得開開玩笑，讓他們下得了台，小衲，這些做人的道理，遠比練武更重要，千萬要記得，事緩則圓，理直也得氣緩，在江湖上討飯吃，一個人——是一個人也不能得罪的。」

「我一輩子，誰也沒得罪，就得罪了蕭民，哎，那蕭民看起來憨包一樣的，可真叫人弄不懂他在想啥子，那一次我們在山谷中的一條河上，被日本人偷襲，我看著眼前的弟兄一個一個，被子彈掃成蜂窩，不誇張，那血噴出來都成了霧氣，看出去紅茫茫一片，當時不在意，事後回想，嚇人，我伏在船角上，一轉頭正要與蕭民說一起上，誰知道，他的槍口居然不是對著日本人，而是正對著我背後，要不是我轉頭，還真是沒看到這一著。」

「我當時心想，不對頭啊？蕭民你的槍口得對著日本人啊，正要出聲，蕭民的槍已經扣下扳機，騰地一聲，那槍從我胸口對穿而過，人家常說，疼到極處時是感覺不到疼的，那是真的，我霎時腦中只有一片空白，隨即感覺身子滾入河中，連看一看蕭民當時到底什麼眼神，都來不及，我一直想問他，都是好弟兄啊，我們一起幹過多少事兒，就給我來這麼一槍？幾年的好弟兄，最後就是這麼幹的？」

「我一直想問蕭民為什麼，後來在緬甸時，打聽到他在胡志明手底下做事，近幾年還聽說他幫姓胡的接洽水晶棺材，小衲，水晶棺材是啥子你知道？就是人死了，把人掏空乾燥，放進一塊一體成型的水晶裏頭，真像是活聖人一樣，先人板板，硬是要的。」

說到這兒，慕容前輩笑了起來，那是一種劫後餘生的苦笑，但也參雜了兒女情長的溫暖意味，這個笑容，老衲很多年後回想起來，才有些明白。

「先人板板，我慕容挨了那一槍，本來是要去見閻王的，誰知道我命好，沒見閻王，反而見上了寧奴，還學了一套拳。」

5

慕容前輩是在一陣搖晃中醒來的，他原本以為是有人在搖他的床，等完全清醒過來之後，才發現他是躺在一個船屋中的艙房之中。

慕容前輩說他實在命大，第一，他恰巧在蕭民開槍時回頭，蕭民再怎麼壞，也肯定心底一驚，槍口必定一抖，第二，他見到蕭民拿著槍指著他，雖然腦子裏還沒有理解過來，但身體已經反應了，偏了一偏，使子彈離心口偏得更遠，第三呢，是當時蕭民手上拿著的是隨身用的德製左輪，如果是拿加拿大擼子，那非命喪當場不可。

說到這，慕容前輩搖了搖頭，說，蕭民拿德製左輪開我，無所謂，他就算拿盒子砲開我我也不怪他，但他若要是拿加拿大擼子開我一槍，姓慕容的跟他沒完，老衲當時問慕容前輩何故，他說，左輪裏頭放的是一般子彈，他或許想傷我，但不一定想殺我，而加拿大擼子裏配的是達姆彈，打入身體裏，彈頭會開花的，那不是決心要我的命？再說了，那批加拿大擼子，是由國家統一訂的，上頭刻著國名，我慕容是為國家做事的人，你拿國家的槍開我，那這個仇就是國仇，就不是私人恩怨可以私了的。

扯遠了，話說回頭，那最後將慕容前輩救起來的人，是一群世代居住在水上船屋的緬甸撣族，他當時中槍之後，身子隨著子彈的震力摔入水中，不及思考，一口氣閉著，就往河水深處遠處游去，他拚命地扒水拚命地游，真也不知道游出多遠的距離，隨後便痛得失去了意識，興許是命不該絕，遇上了出來捕魚的水上撣族居民，把他撈了起來，帶回船屋中醫治。

慕容前輩那時還不會說緬甸話，那些撣族人看他醒來之後，比手畫腳幾哩咕嚕地跟他「說話」，慕容前輩說，那些撣族人的眼神與中國人完全不同，緬甸畢竟是佛教國家，所以人民的眼神，都帶著良善，沒有半分機巧奸詐的意味。

所以後來很長時間，慕容前輩都以為撣族的「撣」，是善良的善，他們族人各個都帶著良善，相處起來，不必提心吊膽防東防西，這對自小闖蕩江湖的慕容前輩來說，是一種前所未有的體驗。

慕容前輩那時還根本無法坐起身來，只能躺在床上，勉強著與旁邊的撣族人比手畫腳，不多時，船屋中終於進來一位通漢語的女子，坐在慕容前輩的床邊，用漢語問他：「你叫甚麼名字？」

慕容前輩說那是他第一次見到寧奴，寧奴是一個個子小小的女子，慕容前輩大約一米六五到一米六八之間，而寧奴比他小一個頭多，可能不滿一米五，臉上的肌膚擦了緬甸人專有的金粉，那金粉在陽光底下閃閃發亮，襯著寧奴烏黑的肌膚，很是好看，慕容前輩說不出寧奴到底長的啥樣，翻來覆去地老說，就是很好看，黑黑的，金粉亮亮的，一雙眼神清亮深邃，彷彿要看到人的靈魂裏頭，說不出的氣質，就是好看。

寧奴的漢語不甚流利，她說她是雲南騰沖人，祖輩因為連續幾年大荒，便遷至密支那生活，後來她的阿奶（祖母）嫁給了這水上撣族的男子，於是她們便與這些撣族一起，定居在這片水上船屋中，前兩年，戰爭四起，她阿爸想外出打仗，因為世代居在這片船屋中，總想出去見見世面，豈知一去不回，她阿奶與她阿媽，思念成疾，前幾年也都相繼病死，她自小喜歡漢語文化，總請人從外邊帶漢語的書籍來給她看，當時她的阿奶還在，陪著她讀完了論語與唐詩，她阿奶說，這是漢語文化中最重要的兩本書，她讀完了，便可以自稱是個「中國人」，可是她從沒見過真正的「中國人」，現在見到慕容前輩，心想，呀，原來真正的「中國人」長這個樣子，覺得親切莫名。

寧奴看起來很久沒有說漢語，一口氣說了這麼多，有些喘不過氣，臉上泛紅，慕容前輩的胸口當時痛得不得了，連呼吸都痛，更別說甚麼話回應她了，寧奴說完，看慕容前輩沒反應，也就款款離去。

從那天起，寧奴便每天來慕容前輩的船屋中照顧他，用漢語與慕容前輩聊天，餵他喝粥，陪他談天，照料慕容前輩的一切不便，她特別喜歡聽慕容前輩講中土各地的風俗民情，對她來說，那是夢想中的祖國，四川人向來善擺龍門陣，更何況是慕容前輩這樣跑遍大江南北，三關六碼頭熟遍，每每講到有趣處，常引得寧奴掩口直格格笑。

過得一月有餘，慕容前輩的傷勢漸漸復元，雖然還使不上力，但生活已可自理，可寧奴還是天天來看他，一如往常，有日慕容前輩問她道，寧奴，妳為何叫寧奴（Nin Nu）？是妳阿奶取的名字，還是阿爺取的名字？要知道慕容前輩為何會這樣問，因為寧奴的阿奶是漢族，阿爺（祖父）是擺族，若寧奴是阿奶取的，那這便是一個漢族名字，若寧奴是阿爺取的，那這便是一個擺族名字。

豈知寧奴搖搖頭，說，都不是，我的名字不是誰取的，我的名字，寧奴，是我自個兒爭回來的。

ရေ	水
၉	九
လှေပေါ်အိမ်	船屋
ပြိုင်ပွဲ	比賽
နှင်းနု	寧奴
စွမ်းအင်	霜茵
စိတ်ဦး	本心
ဂျင်	陀螺
လှိုင်းခပ်	漣漪
တံတား	橋
လမ်း	路
အပေါက်	縫

寧奴 Nin Nu，既是族名，也是拳名。

နှင်းနု

6

原來，在這片河域上隨船而居的撣族有許多，雖然都是撣族，但各自又是不同的分支，大多是茵達，但也有毛撣大傣等等，其中寧奴這支撣族，便叫做寧奴。

寧奴除了是整個寧奴族的族名之外，整個族中，只有一個人可以自稱是寧奴，這個寧奴之名，不是族中長老可以指派的，而是九年一輪，通過縹圃（Pyai Pwe）而產生的。

通過縹圃，勝出的人即為寧奴，而原來的寧奴便不可以再自稱為寧奴了，不過習慣上，還是有些人會稱原來的寧奴為老寧奴，而新產生的寧奴，為正寧奴。

寧奴說到此處，胸口一挺，道，原來的寧奴已經蟬聯了縹圃四十五年，而我三年前擊敗了族中所有人，最後也擊敗了她，成為新一代的寧奴，按照我們的傳統，我從被命名為寧奴那一刻起，便得放棄原來的名字，但是我很開心，這是我的榮譽，我是寧奴。

慕容前輩聽到此處，霎時想到桃花源記，又或者是愛麗絲夢遊仙境，只是在想，這「縹圃」到底是啥？

寧奴說，每九年的九月九日，寧奴族的所有船屋會集結起來，向著圓心圍成一圈又一圈的，而在所有船屋的正圓心，會放上一艘小木筏，那木筏不是很大，差不多只足夠讓十幾個人無間隙站在上頭的大小，然後讓族裏所有的女子，兩個兩個上去，誰先被打下木筏掉入水中的，便算輸了，一路贏到最後，沒下水沾濕衣服的，就是寧奴，當然，原來上一代的寧奴有特權，可以等到最後再出賽，那是專屬於寧奴的權力，沒人會對這樣的不公平說些甚麼。

慕容前輩越聽越奇，問道，只有女子可以參加「縹圃」？

寧奴白了慕容前輩一眼，彷彿覺得他的疑問很奇怪，寧奴說，這縹圃是神聖不可侵犯的活動，怎麼可以讓骯髒的男子參與？我們寧奴族在這點上，比漢族好得多了，我看論語與唐詩，裏頭寫得雖好，可是都是骯髒的男子言論，在我們寧奴族，男子只適合去做些捕魚燒飯的粗賤工作，連縫織衣服都不可以的，更何況是參加縹圃。

慕容前輩想起曾在《西遊記》中，讀過所謂的女兒國，心道，吳承恩莫不是也見過這種重女輕男的寧奴族？他又問道，聽起來，這縹圃是一種拳賽，但是妳們寧奴一族世代居於水上船屋，從何處學拳？

寧奴一聽，臉上神情好似覺得慕容前輩的這問題更怪，她說，我們寧奴，每個人都會寧奴，還要學甚麼其他拳法？

慕容前輩當年對老衲講到此處的時候，哈哈大笑，說他當時聽得真是一頭霧水，寧奴寧奴寧奴，好似繞口令般攪不清楚，而寧奴漢語不好，慕容前輩的擇語一句不通，兩個人比手畫腳了好一陣子，他這才搞懂了寧奴所說的寧奴意思。

原來，這寧奴二字，是族名，也是一種拳法的名稱，寧奴一族世代習練這種寧奴拳法，並且九年舉辦一次水上木筏拳賽，謂之繧圃，而冠軍授以寧奴二字稱號，所以在她們族中，寧奴二字可以指族名，也可以指拳法，甚至也可以指那九年一次大賽的拳王。

慕容前輩向來是拳痴，聽到如此古怪故事，豈有不心癢手癢之理？他顧不得身子尚未大好，一招手，便問寧奴是否可以與他比試比試，寧奴那時看上去才二十初，正是青春年華，又才剛打遍族內無敵手，別的不敢說，但對於自身拳藝，那正是自傲自負的年齡，見到慕容前輩邀約動手，哪還有推辭之理，也顧不得慕容前輩是男子，便在船艙內與他動起手來了。

ရေ 水
၉ 九
လှေပေါ်အိမ် 船屋
ပြိုင်ပွဲ 比賽

နှင်းနု 寧奴
စွမ်းအင် 霜茵

စိတ်ဦး 本心
ဂျင် 陀螺
လှိုင်းခပ် 漣漪

တံတား 橋
လမ်း 路
အပေါက် 縫

ပြိုင်ပွဲ

緬甸 Pyai Pwe，即是比賽、競賽、拳賽。

7

上回說到，慕容前輩在擇族的船屋中得知，原來救他起來的是寧奴族，而且寧奴一族有代代相傳的寧奴拳法，而眼前的女子，名喚寧奴，即是九年一次的族內拳賽冠軍，哪裏還忍得住，一招手，便問寧奴是否可以過兩招，而寧奴更是年輕氣盛，二十上下年紀，生平仍未遇過敵手，格格一笑，便說來吧。

慕容前輩身經百戰，更不遲疑，一上手便往寧奴頭臉身上幾個不同方位打去，慕容前輩這拳有講究，講究一拳出，兩拳備，即是第一手拳尚未打實，後頭刷刷地再跟上兩拳，方向角度都各自不同，慕容前輩講這種打法，叫做梅開五枝，若是古代高手，那麼一拳之後必定跟著四拳，拳拳腳步身法不同，打得對手眼花撩亂而中招，不過慕容前輩一般出手都只是三拳連擊，先探虛實，再做打算。

那寧奴畢竟從未與其他門派的拳手動過，見慕容前輩這種打法，噫了一聲，微微吃驚，但她身手並不慌亂，稍一偏身，拳如箭發，從慕容前輩的拳中空隙打了進來，這一下看似二人相互拚拳，實則寧奴出手時，位置巧妙，她的拳能打得既中且重，而慕容前輩的拳，卻只能輕擦寧奴，打得中，卻打不重了。

慕容前輩沒想到寧奴出手如此之快，而且毫不猶豫，出手又穩又準，心下也是一驚，但他畢竟老江湖老經驗，見寧奴從空隙中打將過來，他也一側身，隨即化拳為抓，去牽制寧奴的拳，當然，慕容前輩的拳法練得滾瓜爛熟，出手必定是雙手齊出相互奧援，他一手既抓，另一手便化為手刀掃過，身子翻將過來底腿橫攔，讓手刀與腳的方向相反，像隻剪刀一般交叉而過，要將寧奴給掃倒摔下。

慕容前輩原以為，他此招既出，寧奴不是給掃摔倒下，便只能退讓一步，豈知寧奴兩者均非，慕容前輩要抓她手，她手便給他抓著，只是一扭一轉，反而將慕容前輩的抓手的空間給卡緊壓死，慕容前輩的另一隻手橫掃過來，寧奴也不避不讓，逕自將另一隻手向前一伸，往慕容前輩胸口按去，至於慕容前輩底下橫攔過來的暗腿，寧奴根本不管，反而向前踏上一步，電光石火間，蹭頂著慕容前輩的腿根，使之無法用上力，隨即騰地一聲，慕容前輩便被寧奴給扔回床上了。

寧奴天生愛笑，見慕容前輩給扔回床上，震動扯著胸口舊傷，眉頭不免一皺，她格格一笑，說道，讓你休息休息，等傷好了再來。

雖是寧奴無心，可慕容前輩幾時嘗過女子這般奚落，他一咬牙，強忍已經微微裂開的傷口，說，再來，寧奴也不打話，格格笑著發手便打，慕容前輩沉著應招，兩人便在小小船艙中打了起來。

慕容前輩事後分析道，當時他不懂陸路拳法與水路拳法的不同，很多次他明明快要得手，卻又被寧奴以極小空隙間鑽閃卸化，而他原本擅長的陸路拳法，大開大闔，很多拳法腿法動作太大，在陸路上使，沒太大問題，可是在小船上使，因為水波陣陣，若是用力離心過猛，反而自個容易站不穩，所以無意間力度便只能收斂，但又與原來習慣不同，而寧奴早就習慣在水波陣陣的搖晃中動手，她動作極小，手法身法細膩，一些微小不易察覺的空間掌握得好，像是個游魚泥鰍一般，慕容前輩當時雖然使出渾身解數，不過兩人一消一長，他只能與她堪堪打個平手，甚至略居下風。

慕容前輩與寧奴越動手越是不服氣，心想，我至少比妳大個十來歲，個頭又比妳魁梧得多，還不能將妳輕鬆拿下，那我慕容以後在江湖上臉往哪擺去？心底一沉，也不顧傷口未合，雖在船上不敢輕用腿法，但雙拳加力，如疾風暴雨般向寧奴打去。

豈知寧奴的拳法，其實最善卸力化力，有一點小小空隙便可轉翻角度，將對手勁力引斜偏歪，慕容前輩的拳，勁力雖然驚人，可寧奴就好像一個善掌舵者，在海浪洶湧之際，仍能把牢龍骨，將小舟駛得不偏不倚，正中持平。

寧奴的拳法本來就是搶快，而慕容前輩越打越是急躁，出手更不容情，兩人以快打快，在船艙裏爆出密細碎砰砰砰地聲音，引得好多寧奴族人都划過船來，由窗邊簾間縫隙中偷看，慕容前輩見有人在旁，更是輸不得一招，沉著應付，但在小船上動手實在是他前所未有的體驗，而寧奴卻是駕輕就熟，占了地利之便，寧奴越打越是摸透了慕容前輩的拳法路數，打起來得心應手，揮灑自如，慕容前輩本來四次中還有一次能夠將寧奴拿下，打到後來，慕容前輩一出手，便被寧奴制得死死得，隨意間便把他扔回床上。

雖然只是互相輕力度的交手，但有人圍觀下，慕容前輩的臉越來越是熱辣，此時寧奴又說，不打啦，再打你也贏不了我，更激得他起了非贏不可的鬥心，慕容前輩從床上一彈而起，道，再來一次，寧奴說好，慕容前輩封住上路頭臉便打，寧奴還是一樣，一拍一拉，拳如箭發，便穿打進來，正中慕容前輩的心口位置。

豈知這次不同，慕容前輩動了真功夫，他曾練過自然門的護體氣功，上過樁，心口可騰起一道厚膜，讓原來的凹陷要害處反成一著奇兵，寧奴不知此功，一拳打上慕容前輩的心口，慕容前輩哼地一聲，以護體氣功將寧奴的勁力回震，同時上前一步催勁，寧奴不知厲害，一拳上去，反而覺得一股極大的力道反震，將她連連震退三四步，連手腕也差點扭了。

慕容前輩一招得手，見寧奴轉著手腕呼疼，立時心叫不妙，只聽得寧奴說：「嘿，跟你這病人過兩招，你還當真啊？要不是看你一口牙齒白得好看，我打你鼻口，摳你雙眼，看你怎麼震我？哼，我不玩了！」話一說完，轉身便走，拉開船艙的簾子，跳上她來時的小船，用腳勾槳，划舟去也（據慕容前輩說，那裏的人喜歡以腳勾槳划舟，很是古怪。），而圍觀的寧奴族人，從沒見過寧奴這小姑娘生氣，見到這般情境，也都只能面面相覷，吐吐舌頭，一哄而散。

而慕容前輩本來是要追上去的，但他說，他當時本來就槍傷未癒，越打越是血行加速，槍傷又裂，再爭強好勝一催動護體氣功，當時雖然把寧奴震退幾步，可他自個閉咽住一口氣，裏頭痛得像是幾把小刀在絞，話都說不出，更別談追人了。

慕容前輩說到此處，嘆了口氣，說，小衲，你以後千萬記得，武功練好了不是讓你與人爭強鬥勝的，尤其不能與女人爭，凡是遇上女人，都是她們對，啥事都是咱男人的錯，女人不高興，甩咱兩巴掌都是對的，女人永遠是好的，要記著這話，千萬千萬，否則追悔莫及，莫謂言之不預也。

寧奴這一去，竟然就此便沒有再來慕容前輩的船屋，慕容前輩一邊養傷，一邊向其他寧奴族人學撣語，又打聽寧奴所居船屋何處，無奈這撣語實在不是兩三天可以學得成，而且當地河道分布密密麻麻，水草叢生，蘆葦漫佈，望過去整片河域忽隱忽現的幾十幾百艘船屋與小舟，真要一艘一艘搜查過去，慕容前輩卻也不好意思，於是活動了幾天，也只能乖乖待在原來的船屋之中，默想佳人容貌身手，靜待來時再與之道歉了。

好險，慕容前輩等待的時間也不算久，大約又過了二三十天，可是慕容前輩說，日子雖短，但等人的時刻心焦如焚，一日比得上一年，等了寧奴二三十天，就像是等了她二三十年一樣，銘心刻骨，等到寧奴再掀開慕容前輩住的船艙簾子時，那時這緬甸的無名河上，已不再下雨，雨季過而秋風生，天氣蕭瑟涼爽，又是另一番時節。

ရေ	水
၉	九
လှေပေါ်အိမ်	船屋
ပြိုင်ပွဲ	比賽
နှင်းနု	寧奴
စွမ်းအင်	霜茵
စိတ်ဦး	本心
ဂျင်	陀螺
လှိုင်းခပ်	漣漪
တံတား	橋
လမ်း	路
အပေါက်	縫

哩泊恩 Lae Paw Eain，河間的船屋。

လှေပေါ်အိမ်

8

待寧奴再次掀開慕容前輩船艙屋內的簾子時，她卻與一沒事人一樣，笑語晏晏，只問他傷好得怎麼樣了？慕容前輩也不好意思，說，全都好了，上次本來想去找妳，只是實在語言不通，問不到妳處。

寧奴說，沒關係，我就是故意不見你，免得你又找我比試，天天打，你這傷哪可能養好？慕容前輩連說是是是，這次再見面，兩個人說話都有些小心翼翼，生怕再有甚麼誤解，慕容前輩見寧奴雖然仍是親煦溫和，言笑不禁，但眉目之間好似有些心事，可兩人畢竟認識不長，他也不好直問，只能依舊天南地北地亂聊，想逗得寧奴開心。

這一日，慕容前輩終於與寧奴將話題聊到拳上，慕容前輩問，不講勁力體格，為何寧奴妳的拳法，總能次次占我上風？寧奴笑說，我也不知道，我一輩子只練這個拳，沒法比較，你若喜歡，不如我教你寧奴？慕容前輩一聽大喜，他本來就是拳痴，技不壓身，多學一種拳法哪有不好，於是請寧奴賜教。

寧奴道，這個拳法，是寧奴祖先在湖河之間想出來的，它的原理很簡單，叫做「有河便有橋，有橋便有路，有路便有縫。」寧奴把這幾句話，用揮語像唱歌一樣唱出來，這幾句話詞不像詞，詩不像詩，沒想到，這便是寧奴一派拳法的總訣。

慕容前輩說，這寧奴拳法，極其講究「德搭」（Tha Tar）、「朗」（lan）、「阿鋪」（Ar Pawk）這三種狀態的轉換，其中德搭便是橋，朗便是路，阿鋪就是縫了，而這三種狀態中，又以阿鋪最為重要，寧奴拳法一共有九種雙人對練的「方法」，不是固定招式的一來一往，而是九種可以隨意組裝與拆卸變化的來往練習，這九種方法被稱為是九種不一樣的阿鋪，分成上四術與下五術，原文甚是難解，慕容前輩曾把它譯成漢語，那便是「貼縫走」、「見縫打」、「借縫卸」、「鑽縫穿」，這是上四術；而「截縫拍」、「封縫關」，「閉縫窒」、「拿縫捉」，最後還有一個「挪縫移」，這是下五術。不過不論是上四還是下五，每一術又各自有九種變化，一共是九九八十一術，這八十一術就像是跳交際舞，各有各的基本往來規範走法，初學者非得要死板板地照著這個規則走不可，待得熟練之後，再行雙人變化，自出機抒，不在話下。

當時慕容前輩與寧奴天天盤練這九種阿鋪，慕容前輩手法本精，拳法腿法摔法也都各自練得爛熟，與寧奴盤手時，更多的是研究拳學原理問題，而非照搬一成不變的死記拳招，他記得曾與寧奴辯論，說這寧奴總歌訣說的不對，「有路就有縫」，這看似有理，但有時人家沒給妳路，妳又何處找縫？寧奴聽了格格笑，笑他才沒學三天，已開始懷疑起祖師爺的智慧了，寧奴笑完，立時出手，招招都是無路卻尋縫的打法，讓慕容前輩大開眼界，原來寧奴這種拳術看似簡單，其實非常不簡單，此時寧奴的九種阿鋪路數，雖然慕容前輩都已了解，但變化起來還是不如寧奴嫻熟而動之愈出，許多慕容前輩原本以為不可能連接起來的地方，寧奴卻可以輕而易舉地將這兩招連貫使出，又有許多慕容前輩原以為非得要這樣才能發力的招式，寧奴隨手使來，腰肢擺擺，好似貴妃醉酒一般，卻可以精準到位而勁力十足。

寧奴後來笑說：「你說寧奴祖先編的歌訣不對，我看是你體會得不夠深，橋非橋，路非路，難道一定要有有形的橋才叫做橋，一定要有看得著的路才叫路？我天天躺在自己的床上，沒見到你，可是閉上眼睛，眼前全都是你，這難道一定要看見你才能知道你長的是甚麼樣？」

寧奴幾句話，把慕容前輩說得低了下頭，他真不知寧奴的姑娘說起話來可以如此直白無隱，一點也不害臊，又聽得寧奴說：「你們漢人就是死腦筋，練拳，難道一定要按照祖先編的歌去練？我是這一代的寧奴，我也編一條歌來練，又有何不可呢？」寧奴說完，隨即唱了起來：「橋非橋，路非路，無河也需橋，無橋也有路，即使沒有路，仍能找著縫，手間縫，不如身上縫，身上縫，又不如心中縫。」

寧奴唱到最後一句「心中縫」時，用食指戳了戳慕容前輩的胸口，不知甚麼意思，眼神與慕容前輩一對，又笑了出來，慕容前輩給她攪得沒做手腳處，搔搔頭，寧奴臉上一紅，便又走了。

閒話少敘，開心的日子總是過得飛快如梭，不知不覺中，慕容前輩已在寧奴一族的河間船屋上，住了半年有餘。

水	ရေ
九	၉
船屋	လှေပေါ်အိမ်
比賽	ပြိုင်ပွဲ
寧奴	နှင်းနု
霜茵	စွမ်းအင်
本心	စိတ်ဦး
陀螺	ဂျင်
漣漪	လှိုင်းခပ်
橋	တံတား
路	လမ်း
縫	အပေါက်

အပေါက်

阿鋪 Ar Pawk，既有拳腳空隙之意，也指對打節奏中的時間差，即是漢族拳法中所謂的「知拍」。

9

慕容前輩說，他一輩子出生入死，腦袋掛在腰間行走，所接觸的人都是有所圖與有所謀的虎狼之輩，生活隨時都是處於一種堤防戒備的狀態，唯一放鬆的時日，便是當年與寧奴相處的那幾百個日子，好不快活，好比天上一天是人間數年，天天都是快樂似神仙，寧奴在那些日子裏，除了與他一起練拳盤拳，也與他聊心事與身世，還教了他不少「漢人話」，好比「藏頭露屁股」、「雞公三」、「光咕嚕雞配掉毛狗」，稀奇古怪之至，他後來回到軍隊上一問，才知道這些都是雲南方言土話，寧奴卻以為這些都是「漢人話」。

哎，人老了講事情容易前後不連貫，想到啥便講啥，還是閒話休提，回到正事，上回說到，慕容前輩在寧奴一族的水上船屋中住了大半年，原本的槍傷當然已經完全恢復，還學了一套寧奴族世代相傳的寧奴拳法，這一日，他終於想到，哎，我慕容來緬甸是為了打日本鬼子的，豈知玩物喪志，明明槍傷早已養好了，卻為了這寧奴拳法，又多留了一些時日，真是對不起國家，更不起隊上的弟兄。

其實這也怪不得慕容前輩，他年輕時被朋友們稱為拳瘋子，練拳像是入迷著魔一般，一學到甚麼新玩意，寧願不睡覺也非得把東西搞得滾瓜爛熟不可，既然有此機緣，得寧奴族第一高手傳授武藝，雖然國家戰事正在危急存亡之際，卻也顧不上，他雖然嘴上說是慚愧，真正的心中潛意識裏，有拳學有拳練便是人生第一快活事，與此相比，國家大事，恐怕也只能暫且放放。

慕容前輩後來見到老衲時，常以此事自責，深自後悔他當年為了拳，忘卻了國家戰事，陷國家人民於水火之中，並多囑咐老衲說，拳學小道，不值得花那麼多力氣去追求，責任，榮譽，濟弱扶強，匡平天下，這些才是男兒大志，不要被拳學一隅所限，犯了與他一樣的毛病，不過老衲自小不喜歡聽長輩教訓，那時聽他此言，只覺得前輩嘮嘮叨叨，得了便宜還賣乖，腹誹了慕容前輩不少難聽話，今日想起，也是少年無知。

到底是國家大事重要，還是一己之私重要，這真要辯論起來的話沒完沒了，但上一代的許多英雄前輩，各個以國家興亡為己任，這種豪氣萬丈的英雄情懷，真是現代人見不著也無法體會的。

扯遠了，說回故事，那幾日慕容前輩思起國家戰事未完，槍傷也已痊癒，是應該要告別寧奴，回到軍隊上報到了，可這寧奴一族所居河道甚廣而深，極目望去，水道之間，縱橫密布，根本看不到頭，他也曾自個划小舟外出繞過幾圈，無人帶路，划來划去，又回到寧奴船屋落處，河道不比陸地，陸地上只要辨明方向，還能從草間林中硬是走穿出一條路來，在水路河道上，若是不明溪間礁岩暗道，處處碰壁，碰來碰去，又回到原點，根本繞不出去。

不知為何，慕容前輩想離開的思緒在心中轉來轉去幾次，可每次見到寧奴時，都只敢暗示，不敢明說，老衲當年聽到此處，大笑不止，指著慕容前輩的鼻子說，前輩，你想離開寧奴這太簡單了，你跟寧奴關係這麼好，直說請她帶你離開不就得了？何必星夜偷駕小舟探路，搞得偷偷摸摸像小偷似的，好不光明正大，記得那時慕容前輩說，哎，你不懂，你不懂，有時候越是簡單的事，做來卻往往困難，這便是人情世故。

老衲當時當然完全不懂，丈二金剛摸不著頭腦，不知慕容前輩到底在說些甚麼？不過現在人老了，「人情世故」看過不少也談過不少，自然懂了。

慕容前輩與老衲說完寧奴的故事後，某一日他從香港來電話，說他不日便要移民英國，去英國之後，與繼女的家庭同住，就不便再與老衲聯絡了，老衲當時好像才十四五歲，接到前輩電話，也不知要說些甚麼，忽然靈光一閃，問他，對了前輩，當年你與我說的寧奴故事中有破綻，慕容前輩說，有何破綻？老衲說，記得當時你說，也喜歡那寧奴的，為何後來卻要離開寧奴？慕容前輩聽到此話，半晌不語，才長嘆一聲道，那寧奴一族乃化外之民，從不與外界打交道，我若與寧奴共守一生，難道我姓慕容的便在這荒煙河間中度過一生？

老衲記得，當時俺非常不理解前輩所言，直言說道，那前輩可以問寧奴她是否願意跟你一起走的啊？怎麼沒問？慕容前輩說，小衲，你不認識寧奴，她不會願意的，老衲搖搖頭，強辯道，你沒問，又怎麼知道她不願意？慕容前輩聽到此言，有些不高興，說，長途電話很貴，我打來是與你道別的，不是談這些的，於是又再多說了兩句，便將電話掛上了。

不過這些都是後話，又把故事扯遠了，回到主線，慕容前輩幾次暗示，說仍掛記著國家大事，須回軍隊報到，可那寧奴畢竟是水上部落中人，哪懂這些，對慕容的暗示完全沒能察覺，仍舊是繼續日日與他盤練寧奴，又一日，寧奴忽然問慕容前輩道，你猜猜看，這寧奴既是寧奴族中人人皆會的拳法，那我爭得寧奴稱號，究竟是為了甚麼？慕容前輩搖搖頭，說，這是寧奴族內祕聞，我慕容一介外人，哪裏能夠得知？

寧奴望著他，好一陣子，才緩緩說道：「凡是新獲寧奴之名的正寧奴，都可以從老寧奴手上，再學一套拳。」

ရေ	水
၉	九
လှေပေါ်အိမ်	船屋
ပြိုင်ပွဲ	比賽
နှင်းနု	寧奴
စွမ်းအင်	霜茵
စိတ်ဦး	本心
ဂျင်	陀螺
လှိုင်းခပ်	漣漪
တံတား	橋
လမ်း	路
အပေါက်	縫

以 Yae，水的意思。 ရေ

10

「妳說——再學，再學一套拳？」慕容前輩驚訝問道。

寧奴點點頭，說，是的，一般的寧奴族練的寧奴拳法，就是那九式阿鋪化出來的九九八十一式雙人對練的拳法，可這樣的練法，好比吸大煙一樣，是無法獲得真正的「霜氤」（Swan In）的，這樣的練法，只是給寧奴中的一般族人習練的方法，叫做「外寧奴」，而真正的寧奴，不能只練阿鋪，真正的寧奴，還需要練「內寧奴」，而內寧奴不是一般的寧奴族人可以學習到的，只有在獲得寧奴稱號的歷代寧奴手中，代代相傳。

慕容前輩一聽此言，奇道，這「霜氤」是啥？又，甚麼是「內寧奴」？

寧奴歪著頭想了半天，又跟慕容前輩比手畫腳了一會兒，還是不知道如何解釋「霜氤」，她最後只好說，真不知如何可以跟你解釋何謂霜氤，不然我用霜氤與你交手試試，慕容前輩一聽，心道，好啊小妮子，敢情先前跟老子動手時沒使出真功夫？

這次慕容前輩再與寧奴交手，在心中已先給自個立下規矩，只用寧奴教的寧奴與寧奴交手，而不用其他的拳法穿插，他就想看看，這大半年來，日以繼夜地苦練寧奴，究竟在這套拳法上，與寧奴到底還有多少差距？

而寧奴這邊，她對應上慕容前輩的打法，又與她先前的打法完全不同，以前每次寧奴與慕容前輩交手，都是以巧奪力，讓卸為上，利用角度、方向、與時機，將慕容前輩的勁力卸偏一旁而反攻，而這次寧奴完全不用這套，而是完全採用硬碰硬的方式與慕容前輩拚力。

慕容前輩按寧奴的拳理，出手搶中，豈知寧奴也跟著搶中，原來寧奴教慕容前輩的是，即使兩人都搶中位，角度仍是要有偏斜化讓的餘地，讓對手的勁力卸於無形，豈知這次，寧奴完全不按照拳理來，慕容前輩出拳，寧奴也跟著出拳，兩人的拳斜擦而過之際，寧奴卻在手臂外側的整面力點上與慕容前輩一撞，慕容前輩先是一哼，心想這小妮子若是拚力怎麼撞得過老子，但隨即便是大吃一驚，因為也沒感覺到寧奴如何出力，但他卻被寧奴出拳時，手臂上橫向的勁道一蹭，給打得雙腳離地，匡啷啷幾聲連響，慕容前輩向後飛起，撞倒背後桌子上一大片鍋碗瓢盆。

這一下可真讓慕容前輩心底大大吃了一驚，他心想，格老子的先人板板，這便是傳說中神拳李老農的「牆上掛畫」絕技啊！沒想到——萬萬沒想到，這緬甸的無名河畔，一個叫作是寧奴的小姑娘，居然也會此中原絕技。

說到這裏，老衲岔開一說，甚麼是慕容前輩說的神拳李老農的「牆上掛畫」絕技？原來當時江湖盛傳，形意門祖師爺李老農，人稱神拳，拳功無敵，打遍黃河北岸無敵手，端的是厲害非凡，他最厲害的一個特點，便是能「打人如掛畫」，就是在與人動手的時候，能把對手打得騰空飛起，掛在身後牆上，謂之「牆上掛畫」，堪稱獨步武林的不二絕技，此一絕技，在李老農之後，很多人聲稱自己也會，不過以慕容前輩看來，多半只是欺世盜名之徒，根本搆不上李老農的百分之一，蓋因李老農的「牆上掛畫」，是在雙人動手時施為的，可是後來有很多人聲稱的「牆上掛畫」，只是師傅打徒弟，做做樣子做做戲，差之毫釐，失之千里。

扯遠了，說回慕容前輩與寧奴，那次寧奴與慕容前輩一動手，雙方互相一較力，個子嬌小的寧奴居然把慕容前輩打得騰空飛起，真正嚇了慕容前輩一跳，他定了定神，也不管撞倒摔裂的那些碗盆，更不打話，一上手又是寧奴拳法的絕招，往寧奴身上打去。

豈知寧奴這次跟慕容前輩動手，好像存心要跟慕容前輩鬧著玩，慕容前輩出甚麼招，寧奴便跟著出一模一樣的招式，兩人動手好似鏡子倒影一般，招招相同而拳腳好似榫卯般扣合，慕容前輩的右手拉住寧奴的左手，而寧奴的右手也正拉住慕容前輩的左手，如此一來，兩個人間沒有誰能佔著招數上的巧勁借力，而只能以力拼力，奇怪的是，慕容前輩每次要與寧奴較力，都感覺寧奴的力道快上他一拍，慕容前輩才正要出力，寧奴的力便如電閃一般，後發先至，也不感覺如何大力，卻次次都能將慕容前輩打得整個人飛身騰起，雙腳離地。

慕容前輩與寧奴動了幾次之後，心知寧奴用這等方式與他拆招，他若是仍用寧奴拳法與之動手的話，根本沒有勝算，但此時他與寧奴的關係早非原來初識時那樣，誰打了誰，慕容前輩根本不放在心中，他只是苦苦思索，寧奴究竟用的是甚麼魔法？

慕容前輩的思緒在腦海中繞了幾圈，忽然失聲叫道：「寧奴！妳這是太極！妳這便是傳說中專教王公貴族的太極功勁可是？」

寧奴瞪大了眼，堅定地搖搖頭，說，我這用的便是霜氤，剛剛不是說了，我要給你示範霜氤？這霜氤是一種內在的能量，是寧奴的靈魂，沒有霜氤的寧奴，就像是沒有靈魂的人，你看看那些為了一已利益而殺人害人的人，就是這樣，一點靈魂也沒有，把靈魂都交給了惡魔，交出靈魂的人，本身只是剩一副空殼。

慕容前輩聽了寧奴這話，拉了張椅子坐了下來，思索良久，又站起身來動了動拳腳，半晌，慕容前輩才道，我曾聽說孫祿堂老前輩說，拳中的內勁，道理都是一樣的，所以才能「三拳合一」，這三拳合一，合的是內勁，不是外形，寧奴，妳說的這「霜氤」，是否就是我們漢人說的「內勁」？

寧奴又是搖搖頭，說，你們漢人說甚麼練甚麼打甚麼，我是一點也不懂，別問我這些那麼難的問題吧，慕容，你還有很多其他的問題可以問我。

慕容前輩想了想，又道，那麼寧奴，不管這叫甚麼，妳可不可以告訴我，要如何獲得霜氤？

寧奴聽了慕容前輩此話，嘆了口氣，說道，我剛剛都說了，要獲得「霜氤」，必須奪得「寧奴」之名，從上一代寧奴手中學過「內寧奴」，才有可能得到「霜氤」。

慕容前輩聽了此話，心底忍不住一涼，他原本以為，自個已將寧奴這套拳法玩得滾瓜爛熟，豈知原來忙忽了半天，只是外寧奴，而內寧奴卻一點沒碰上，他只好又問寧奴，說道，我是妳們寧奴族口中的骯髒男子，一輩子沒資格參加那縹圃拳賽，所以，若按照妳們寧奴族的規矩，我是不是永遠也不能學到這套「內寧奴」的拳法？

寧奴沒直接回答，只盯著慕容前輩的眼睛看，很久很久，只是看著他，直到慕容前輩的臉皮開始感覺到熱辣辣地溫度，此時寧奴才緩緩說道：

「寧奴的丈夫，不在此限。」

ရေ 水
၉ 九
လှေပေါ်အိမ် 船屋
ပြိုင်ပွဲ 比賽

နှင်းနု 寧奴
စွမ်းအင် 霜茵

စိတ်ဦး 本心
ဂျင် 陀螺
လှိုင်းခပ် 漣漪

တံတား 橋
လမ်း 路
အပေါက် 縫

霜氤 Swan In，約略是漢語中「能量」的意思。

စိတ်ဦး

11

當年慕容前輩正講到此緊張處時，叮咚一聲，酒店門房的電鈴響起。

慕容前輩起身應門，門外來的，是兩位女子，當先一位中年女子，眼角雖然有些魚紋，仍是非常有氣質，鳳眼櫻唇，高高瘦瘦，頭髮盤起成髻，身穿黑白素雅套裝，開口說道，「慕容，我們與奧德菲爾爵士約七點鐘晚餐，差不多該走了。」

慕容前輩道，「收個東西馬上走，對了小畢，我們吃飯帶著這小鬼頭，不然把他一個人放在酒店，我不放心。」慕容前輩轉頭招呼，「小衲，你來見過畢嫂，她現在是我名義上的太太了，呵呵，後面那位是她女兒，叫畢碧。」

畢嫂掃了老衲一眼，說，帶著他好嗎？奧德菲爾爵士不是一般人，帶著來路不明的小孩兒去赴宴，他恐怕不會高興的，慕容前輩搖搖頭，說，爵士這人我雖從未蒙面，可他的事我聽過不少，想來他應該不是那樣小氣的人，再說，現在咱們畢碧要嫁給他，那我們兩家算親家了，又有啥好避諱？這小衲是我慕容的人，他敢說啥能說啥。

畢嫂見慕容前輩這樣說，便也不好堅持，老衲當時年紀小，更是屁都不敢放一個，一句話不吭，默默跟在後頭走。

當時老衲印象最深刻的，便是那畢嫂的女兒畢碧，畢碧與她母親的作風完全不同，穿著妖豔之至，笑聲如鈴，渾身香氣，遠遠地便先聲奪人，沁人心脾，身材前凸後翹，一件水藍色晚禮服將她的優勢顯露無遺，老衲那時哪裏見過這種如水一樣的女人，看得是目瞪口呆，她看老衲盯著她目不睛轉，輕笑一聲，道：「這小鬼頭，這麼小便懂得欣賞美女啊？我叫畢碧，英文名字便叫Baby，怎麼樣，很好聽的名字，是吧？」

四人一行上了禮車，禮車左拐右彎，也不知怎麼繞得，便到一間現代大樓的地下室，隨即坐電梯上了大樓頂樓，那頂樓上餐廳中裝潢素雅，最漂亮的便是整片整片的落地窗，可以俯瞰維多利亞港，當時夜幕已降，從窗邊望去，海上帆船輪船如星光點點閃爍，美不勝收。

那間餐廳當時一個人也沒有，只見到一個胖大的白種老男人坐在窗邊角落的位子上，雙目似鷹，頭方而硬，一襲純白西裝，舉手投足間派頭甚大，品著香檳，一見我們來，他站起身來熱烈歡迎，慕容，你便是慕容吧！久聞大名，太開心了，說著便與慕容前輩熱烈握手，又紳士地親吻畢嫂的手背，最後才將畢碧一把抱起，輕輕放在他旁邊的座位上。

老衲那時只在電影中見過白人，從不知道原來白人是如此熱情好客的，留下很深印象，那奧德菲爾爵士看上去起碼六七十歲，雙頰的肥肉隨著轟笑聲抖動，可是他談笑風生，幽默而不拘小節，就像是個熱情的大男孩一般，一點不讓旁人覺得他老，相比之下，華人一過四十，便喜歡擺老賣老，與西方歐洲文化餵養出來的豪爽貴族們，真是有很大差別。

扯遠了，回到故事，那畢碧坐在奧德菲爾爵士旁邊，完完全全收起適才在酒店的妖媚氣焰，靜靜地一句話不說，依偎著他，雖然兩人的年齡看起來差距頗大，像是爸爸帶著女兒一樣，可是兩人偶然雙目一對望，深情款款，彷彿眼神中只有對方，雖然年齡有所落差，但情感真摯，看起來沒有一絲一毫地勉強或怪異，也是令人頗為稱奇。

奧德菲爾爵士與慕容前輩天南地北，聊了一會兒，忽然問道，抱歉，慕容先生，我有一件事不明白，雖然是你的私事，但未來我將與你女兒成婚，又要將你與夫人接到英國同住，有件事不問清楚，我心底不踏實。

奧德菲爾爵士雖然貌似爽朗，可是對個人的隱私十分重視，他再三抱歉，詢問別人的私事，不是一件很「適當」（decent）的事，可是情勢使然，不得不問，當然，爵士與慕容前輩的對話都是以英語進行，好在老衲當時已補過幾年的英語，聽力還算可以，偶爾聽到幾個單詞不理解，也是默默記下，待得多年以後，才在GRE教材本中見到，才忽然想通當時他們對話的內容，不過這些細節，都是後話中的後話了。

（忽然想到，英語之中有許多單詞相當精彩，比如說phlegmatic，比如說cataclysm，又比如說scruple，這些字大多收錄在GRE教材本中，即便沒事，拿起來讀一讀，也是人生樂事。）

（又忽然想到，舊時代行走江湖，需要通南腔北調，新時代要行走國際江湖，那英語不可不學，否則如聾子啞子，睜眼瞎子，不可不慎。

（再忽然想到，套一句衛斯理的話，以上英語心得與本文完全無關，可以略過不看。）

慕容前輩見這英國紳士如此拘禮，呵呵大笑，說道，老子向來是百無禁忌，你想問啥子就問，放馬過來，當然這句話他是用英語說的，老衲不過是揣摩前輩語氣，譯成漢語而已。

奧德菲爾爵士道，我的身分想來慕容先生早已知道，因此，我便有話直說，亞伯代表我們處裏，想問慕容先生一句話，你近幾年將蔣先生那裏要給坤沙的軍火，撥了一部分給克倫民族解放軍，此舉等於是間接地支持了緬甸軍政府對抗坤沙的游擊部隊，這一點，是出自你個人的意願，還是毛先生那的意思？

那是老衲唯一一次，見到慕容前輩表情有些僵硬，他深深吸了一口氣，才緩緩回道，這件事不是我的主意，但是，我也不知道是不是毛的意思，跟我接觸的人，說是周先生派他來的。

奧德菲爾爵士雙目炯炯，盯著慕容前輩，又問道說，是周先生的人？叫甚麼名字？慕容前輩搖搖頭，說，想必你們已經把我調查地清清楚楚，當年我在隊上有一位好弟兄，叫蕭民，來的是他的哥哥蕭人，蕭民當年與我是過命的交情，周先生派他的哥哥來跟我談，這個面子我不能不賣。

爵士冷笑一聲，說，當年蕭民開了你一槍，你差點死在緬甸河中回不來，你還稱他是你的弟兄？慕容前輩道，弟兄就是弟兄，一輩子雷打不動，我們都是康師傅的徒弟，親若手足，蕭民開我一槍，是我們的私人恩怨，也許我哪裏做得不好得罪他了也不一定，話還沒說清楚之前，我還是認他這個弟兄。

爵士哼了一聲，道，就這樣？這理由似乎有些薄弱，慕容前輩嘆了口氣，又道，你非得要逼問我到底，好吧，我說件事，當年我與蕭民一起，在康師傅的隊裏圍剿土匪，封鎖縣城，斷水斷糧，豈知這日，輪到要封鎖的縣城，正是蕭民的祖籍老家，當時他娘還住在那縣城中，蕭民半夜求我，要我陪他深夜入城，救出他親娘，我說，這事若與隊上的任務無關，那我跟你水裏水去火裏火去，但是，現在康師傅下嚴令，要我們封鎖縣城，一寸甚至一刻也不可鬆懈，非讓那群土匪都渴死餓死病死在城內不可。

「現在隊上已經封鎖了這縣城二十七天，正是圍城內外生死存亡之際，這時我們要是進去，被土匪們發現了怎麼辦？我倆陷在裏頭不說，就說我倆在隊上負責的事吧，有誰可以頂替得了我倆的職務？我倆為了私義死在裏頭事小，但若是誤了康師傅的事，那我哥倆豈不成了民族罪人？」

慕容前輩當時說完這話，蕭民一聲沒吭，也沒再多求懇他一句，就是一個人選了塊大石頭靠著，靜靜地看著月光一整晚，一滴眼淚沒流，當然，慕容前輩也陪著他熬了一整夜，但是，他們倆人之間再也沒誰提過此事。

ရေ 水
၉ 九
လှေပေါ်အိမ် 船屋
ပြိုင်ပွဲ 比賽

နှင်းနု 寧奴
စွမ်းအင် 霜茵

စိတ်ဦး 本心
ဂျင် 陀螺
လှိုင်းခပ် 漣漪

တံတား 橋
လမ်း 路
အပေါက် 縫

德搭 Tha Tar，是指手搭手或者是腳搭腳的狀態，
有橋上橋下之別，有甩橋拆橋渡橋過橋支橋等不同的情境。

လမ်း

12

慕容前輩說完此事，看著爵士不說話，爵士長嘆一聲，道，這便是戰爭，怪不得誰，好吧，不說私人情感，就再說說原則，當年你是反對他們主義的，怎麼現在居然與他們這幫搞主義的，談起合作來了？慕容前輩吸了口煙，笑了起來，道，其實當年都是稀哩呼嚕地反對，現在想想，都是中國人自個兒的事情嘛，無論誰當頭，至少都是中國人，不是老俄毛子或是美國大兵，我把軍火分給緬軍一點，固然是聽了周先生的指示，但你想想，若是全給了坤沙，等坤沙坐大，配合著其他軍頭，呼應蔣先生的反攻大計，屆時戰事一起，死得還不都是中國人？而到時候又是讓你們西方人得利，是不是？中國人內部有矛盾，內部解決，輪不著外國人指手畫腳，更不會讓外國人見兄弟鬩牆，坐收漁翁之利。

奧德菲爾爵士聽完慕容前輩的解釋，點了點頭，翹大拇指，說道，慕容先生，我真是佩服你這個人，出身窮鄉僻壤之地，沒上過大學，居然也能對國際情勢看得那麼清，說賣命就賣命，說背叛就背叛，厲害，Wonderful！來，我敬你一杯，Cheers！

慕容前輩哈哈大笑，說，你這話說得只對一半，我慕容一輩子賣命賣煙賣軍火，這是錯不了的，可是我慕容從沒有背叛任何人，我始終還是我慕容，只是想法不同了而已。

爵士與慕容前輩紅酒杯互碰，各自喝了一口，那紅酒看起來味道甚好，酒紅勝血，看得坐在一旁的老衲口渴難禁，可惜老衲在上桌吃飯前，便早已被慕容前輩強烈禁止，絕對不許動桌上酒品，是以老衲也只能在一旁乾瞪眼，喝喝可樂解渴。

畢嫂見兩人一時無話，這才輕輕說道，爵士，按我們東方的標準，不管你年紀多大身分如何，既然與我們的女兒結婚，那你便算是慕容的「半子」，東方不論，如若按西方標準，再怎麼說，慕容也算是你的「法律上的爸爸」（father in law），你這麼著拷問你的未來岳父，是不是處裏辦事的習慣沒改，套用到家人上頭來了？

畢嫂的語氣舒緩，但她的英語腔比慕容前輩更為標準，語意中咄咄逼人的含意也顯得十分犀利，雖然奧德菲爾爵士喝了些紅酒，面色已紅，可是聽到畢嫂這話，他的臉色，還是微微一粉。

「是、是，我法律上的媽媽說的對！是不是，Baby？」爵士轉過頭來看著畢碧，畢碧卻似啥事也不關她的事一般，仍舊是小鳥依人，用一付媚眼如絲模樣，望著她眼中的英雄奧德菲爾爵士，彷彿剛剛的對話都與她完全無關。

「我啥也不知道，亞伯，我只知道你愛我，你會帶我走。」畢碧如是說道。

爵士原來說話時，雖然談笑風生，但整個人的內在精神給人的感覺，像是一塊岩石一般堅定，可是在他望著畢碧，聽著畢碧姊姊的溫存軟語時，他的內在精氣神如雪融化，眼神也跟著溫柔了起來，他說，「喔，Baby，當然，我會帶你離開這裏，我會帶妳離開這座危險的城市，我會帶妳回到我們奧德菲爾家族 House Oldfield 世代居住的大農場，我們騎馬，我們打獵，冬天來的時候，我們家的壁爐會升起熊熊爐火，我們一家人一起坐在壁爐旁，吃烤雞，吃土豆泥，談著誰家的寶寶又拔高了一些，我想帶妳回去見我媽媽，告訴她，我終於找到了一個與我相愛的女人……」

畢碧聽到這裏，笑了起來，說，「哎呀，亞伯，你媽媽還沒死呀？」爵士呵呵大笑，說，我媽媽的家族有長壽基因，我今年六十五歲申請退休，而我媽媽才八十九，還沒過九十歲生日呢！

畢碧笑得花枝亂顫，渾身如水波浪動，笑道，亞伯，你最好給我活得久一些，免得那些亂嚼舌根的人老是說我是覬覦你的財產身分地位，等著繼承，這才愛上你，哼，他們這些人，根本甚麼都不知道，庸庸碌碌，一點兒不懂愛情，「是，是，我的Baby，我的摯愛，我會好好活著，多陪妳一天是一天，最好還讓妳生個白胖娃兒，這樣我去見上帝之後，還有他能陪著妳。」爵士如此說道，又輕輕地撫摸著畢碧露出的肩膀，像是一個十七世紀的歐洲人，在欣賞著一件中國瓷器。

後來老衲才知道，這奧德菲爾爵士雖然是英國人，可是他的媽媽來自法國小鎮，所以他實在算是英法混血，而不是純種的大不列顛人士，無怪乎爵士說起情話來，不似英人拘謹，情話綿綿，如山洪洶湧，一點不臉紅，而畢碧姊姊那，柔情百端，說起情話來也是一套一套的，話中有話，好在她長得實在漂亮，繼承畢嫂的精緻氣質瓜子臉，卻有著另一股似水風情，又騷又媚，哎，這個世界就是如此不公平，無論多不合理多噁心的話，從一個美人兒嘴中說出來，也是人間仙樂，聽著受用舒服。

老衲當時看到這景象，心中不禁感嘆，有時真是男追女隔重山，女追男隔層紗，以畢碧姊如此把戲，其實只不過是佔著年輕漂亮四字，居然便能將這英國爵士迷得團團轉，真是不可思議，又當然，也可能只是老衲年少無知，小覷了畢碧姊，也許畢碧姊姊在其他方面，還有甚麼其他不為人知的專長，也未可知。

當時桌上的幾人又說笑了些別的話題，爵士終於還是把話題繞回來他想問的事情上頭。

「慕容先生，很抱歉，有句話我還是得問你，因為我要幫你與畢嫂一同辦理移民，尋求庇護，我得知道這背後風險有多大。」

慕容前輩擺擺手，示意他知道，但問無妨，奧德菲爾爵士咳了一聲，才又問道：

「周先生要分化蔣先生那邊的力量，所以讓你將軍火一分幾份，讓他們在東南亞自相殘殺，無力反攻中原故土，這是周先生的算計，但是，他究竟給了你甚麼好處，讓你願意幫他做事？慕容先生，我實話實說，你看起來不是金錢能夠打動的人，也不是那種在主義號召下被洗腦的善男信女，我不相信你為了理念，便敢在坤沙手底下，出手做這種會死無葬身之地的危險任務，」爵士頓了頓，又道：「慕容先生，你是否可以告訴我，周先生到底給了你甚麼交換條件？」

ရေ 水
၉ 九
လှေပေါ်အိမ် 船屋
ပြိုင်ပွဲ 比賽

နှင်းနု 寧奴
စွမ်းအင် 霜茵

စိတ်ဦး 本心
ဂျင် 陀螺
လှိုင်းခပ် 漣漪

တံတား 橋
လမ်း 路
အပေါက် 縫

朗 lan，意指雙人之間力量傳遞的指向與變向的方法，
如我方抓對手與對手抓我這兩種情況，
雖然是不一樣的外在招式，
但裏頭的「路」卻可能可以用相同的方式去解開。

တံတား

13

慕容前輩嘆了一聲，道，好吧，茲事體大，若我不和盤托出恐怕你們局裏是不會輕易接納我的，其實周先生的條件也很簡單，他知道我一直想救那個人出去，他讓蕭人傳話，說我若配合他將蔣先生供給坤沙的軍火，分化轉賣給東南亞其他勢力，讓他們在東南亞自相殘殺，使蔣先生的東南兩路反攻合擊之計破於無形，他答應我，找個理由放那個人走。

奧德菲爾爵士雙眉一軒，「那個人……放那個人走？周先生他們願意？當年襄陽城大戰時，毛先生手令給李將軍道，襄陽城雖然可破，但若無法活捉那個人，那麼，這場戰功將等於只有一半！後來他們活捉了那個人後，毛先生說，人民對那個人是永遠無法饒恕的……天啊！當年他屠殺了多少毛周手下的人，我早就知道他在襄陽被活捉了之後，是不可能有好下場的，現在……現在周先生居然答應你放了他？不可能，不可能。」

慕容前輩嘿嘿一笑，還沒說話，畢嫂便在一旁說道：「爵士，你這麼說話，可真不了解他們，他們就是一幫土匪，如舊時代裏關外馬賊一樣的人物，如果要說屠殺他們手下，那慕容當年可還殺得少了？現在他們不是一樣乖乖地跟慕容合作？但凡領袖人物，古今中外都一個樣子，手下的性命對他們的領袖來說，輕如螻蟻，更不要說跟他們沒半點相關的人民了，人家領袖，雄霸上下五千年，連原子彈都不怕，砸過來恐怕也只說是紙老虎，打得好，打得妙，天下大亂，形勢大好，咱當家的當年聯手他師傅，殺他們組織裏幾個把人，算得了什麼？」

慕容前輩聽完，緩緩地搖了搖頭，說：「小畢，妳這麼說，也不大對，自古以來這廣袤的中原之地，引無數英雄競折腰，講究得便是『勝者為王敗者為寇』，不論當年的是非功過，現在他們贏了，魚躍龍門，領袖搖身一變便是真龍天子，是天命所歸，那還有什麼好講的？賭徒上桌也講一翻兩瞪眼，不混不賴才叫賭品，他們贏了，咱們輸了，那便要認命，如果再笑人家出身不高，那多沒意思，當年朱元璋也只是個癩痢頭小和尚出身不是？」

畢嫂外表溫文，清清秀秀，不說話時看上去十分有氣質，可一說起話來，卻有一股豪邁爽朗之氣，很是奇特，老衲那時年紀小，還不覺得如何，後來長大之後，仔細回想，覺得那是因為畢嫂的口音之故。

說到口音這件事，學問十分深奧，全球知名的美國好萊塢電影製片工廠之中，有一種特殊的職位，就叫做「口音師」，這種口音師的工作，便是專門教導與調教，各大好萊塢的巨星級演員，在演戲中如何達到該角色應有的口音，比如說德裔人說英語，自然與法裔人說英語不同，而即使是義大利人說英語，也會因為他的祖籍有所不同而有所差異，從米蘭到佛羅倫斯，從羅馬到西西里島，這幾個地方的人說起義大利文各自口音不同，所以若在美國說起英文，這幾個地方的義大利人，說起英文，口音也是各自不同，而如何修正巨星級演員，在該電影中說出扮演角色所應有的口音，便是這種「口音師」的主要工作職務了。

扯遠了，說回畢嫂，當年老衲只是覺得，畢嫂說起話來，尤其是英文，總有一股豪邁爽朗之氣，後來仔細想想，應該是畢嫂的口音之故，何解？蓋因畢嫂平時與慕容前輩或是畢碧談天，都說粵語，畢嫂的粵語毫無破綻，說起來直如土生土長的香港人一般，雖然有些許細微處透著一點不同，可是很容易忽略。

不過畢嫂若是說起英文，尤其是英腔英語時，卻又有大大不同之處，當年老衲待在香港，聽過不少香港人說英語，香港人說起英語，自成一格，雖然標準，但仔細聽還是總有一種「港腔英語」之味，可是畢嫂說起英語，完全沒有港腔英語的味道，反而有另一種說不出的爽朗之氣，很多年後，老衲遇到一東北來的高學歷女孩，才忽然驚覺，原來中國的東北人說起英語，是這麼個感覺，跟當年的畢嫂一個模子出來的，很是奇特。

又扯遠了，回到當年飯局，慕容前輩說完畢嫂，又與奧德菲爾爵士說道：「周先生當時答應我，若我能完成他交付的任務，那麼他會找個時間，把他從秦城監獄裏弄出來，後來……後來周先生果然說到做到，把他弄了出來，由我在香港接船，再把他轉去台灣，與家人團聚。」

奧德菲爾爵士皺眉道，這麼說來，報紙上說，他在監獄中因不堪凌辱折磨，心臟病發而死，全是假的？慕容前輩嘿嘿一笑，說，報紙這玩意，向來靠不住，裏頭說的大半都是鬼話連篇，比三流小說家還不如，遠的不說，就說這真理報，可曾有過什麼真理？而前進報，有何時是真正前進的？還是貴國的泰晤士河報好，乖乖地取個河名，不涉及什麼自由啊中央的，立場還真正中立一些。

爵士嘿嘿一笑，道，哈哈哈哈，慕容先生你沒真正去過英國，這泰晤士報與倫敦那條泰晤士河完全沒有關係，這是翻譯上的問題，泰晤士報（The Times），其實在英語之中，該是時代日報的意思，而泰晤士河則是（River Thames），只是讀音相近，其實完全不同，再說了，這泰晤士報乃是全英國的大報紙，並不是倫敦一城的城報而已。

慕容前輩嘆了一聲，道，哎，學一種語言與文化，真是非得要在那方水土上學習不可，否則都是畫虎類犬，我舊時最喜歡看福爾摩斯的小說，裏頭常常讀到福氏在讀泰晤士報，而福氏又住在倫敦，所以我才以為，真有一個報紙名叫泰晤士河（Thames），可沒想到，把這報紙名與這條倫敦大河給澈底搞混了，真是指鹿為馬，爵士呵呵大笑，說，我以為慕容先生喜歡看的是《女飛賊黃鶯》呢，這本更多的像是慕容先生的生活啊！

「爵士居然連《女飛賊黃鶯》也知道？那是……那是舊時在上海紅極一時的小說啊！」慕容前輩雙眼瞪大，好奇地看著奧德菲爾爵士，而爵士笑著擺了擺手，又談到別的事情上去了。

慕容前輩事後跟老衲說，這英國人可惡至極，原以為他們只在自個的殖民地上活動，做做情報工作，豈知道遠在蔣先生敗走草山之前，這些英國特務便早已在我神州大地上活動了，老衲當時不解，問慕容前輩何故？他說，那奧德菲爾說話本來沒有露出破綻，可他突然說到一本《女飛賊黃鶯》，那是在蔣先生離開神州前，在上海的連載暢銷故事，後來神州色變，風雲流散，連載也只能嘎然而止，這故事後來，雖然在香港有多次改編，可名稱已經不叫當年的原名《女飛賊黃鶯》了，所以知道《女飛賊黃鶯》這名的，都是當年在上海待過的人，如果是後來在香港時的後續連載與改編，大多人是叫這個故事作女「俠盜」黃鶯的，這奧德菲爾爵士，既然能夠輕易地隨口講得出這個故事的原名，可見得當時內戰正烈時，這龜兒子的英國特務爵士也在上海，否則不會對這名字那麼親切的。

當然，慕容前輩還舉了爵士說話中其他的幾個破綻，老衲就不一一舉例，只是實在感嘆，做情報工作的人實在是累，連說話間也要小心翼翼，以免不知覺中便將資訊漏了出去，真不是如老衲這等粗野疏心的人可以幹得來的。

記得當時慕容前輩喝了口酒，跟老衲說道：「先人板板，小衲，你以後長大選擇工作，千萬要選一個平平穩穩的工作，不要像慕容我這麼不爭氣，給人賣命賣煙賣軍火，看似厲害，實則與青樓妓女沒兩樣，都是賣，一個賣命一個賣身而已。」

老衲當時年紀太小，完全不懂慕容前輩在說些甚麼，還眨了眨眼問，慕容前輩，我從書上讀到，青樓女子只是賣笑，並沒有說還要賣身啊？沒想到這句呆頭呆腦的話，逗得前輩哈哈大笑，道，小衲，長大了你就知道，很多人不敬業，寧願賣身，也不賣笑，哈哈哈哈。

哎，又扯遠了，故事先回到當年的飯局，那奧德菲爾爵士問完慕容前輩幾個問題之後，表情滿意，想了又想，於是又提出他最後一個問題。

「慕容先生，我有最後一個問題想請教你，這軍火生意，在我們英國向來是給幾個神祕的家族壟斷，那些家族，彼此之間與王室都是幾代人的交情，國家這才能夠信任他們出去採購與轉售軍火，而你呢，憑你原來在八洞隊核心隊員的身分，蔣先生又對你們康師傅有愧疚，所以台灣那邊，能夠信任你交易軍火，這是沒有問題的。」爵士清了清喉嚨，又繼續說道，「可是呢，這坤沙乃是金三角一霸，我聽說你在短短幾年之間，便在他手下爬升快速，而且讓坤沙對你信任非凡，老實說我們處裏，針對你的這種情況調查過不少，可是始終摸不著頭緒，無法理解，那殺人如麻誰也不信任的坤沙，究竟為何能夠如此信任你？就憑你是個中國人？又曾經是蔣先生、康師傅的部下？我們處裏的專家們都說，光憑這兩點，是絕對不可能就這樣讓你負責軍火買賣的，現在你想投奔我們自由國度，請你老實交代，究竟你與坤沙的關係是怎麼建立起來的？」

慕容前輩沒有馬上答話，只是靜靜地將手中的菸抽完，又將酒杯斟滿，一乾而盡，最後與畢嫂對望一眼，等畢嫂緩緩地點了點頭，慕容前輩才開口，說道：「那坤沙算是半個擺族人，漢擺混血，而我曾與一擺族女子生下過一個孩子，這孩子，現在仍在坤沙的手上。」

ရေ 水
၉ 九
လှေပေါ်အိမ် 船屋
ပြိုင်ပွဲ 比賽

နှင်းနု 寧奴
စွမ်းအင် 霜茵

စိတ်ဦး 本心
ဂျင် 陀螺
လှိုင်းခပ် 漣漪

တံတား 橋
လမ်း 路
အပေါက် 縫

勾 Koo，傳說古時緬甸曾有一獨裁者極度崇信「九」這個數字。

14

奧德菲爾爵士聽慕容前輩說完後，點了點頭，鬆了口氣，道，慕容先生，其實你說的這些，我們處裏全都查過了，讓我問你，只是想確認你的信用是否可靠，有沒有想要刻意想隱瞞些什麼，現在你基本上已經通過我們第一階段的審查，我會再向處裏回報。

慕容前輩靜靜聽完，什麼也沒說，只是哼了一聲，而畢嫂倒是抱怨道，想不到這英國雖稱是民主國度，可是審查制度之厲害，完全不差極權國家，咱當家的不過是想陪女兒去英島養老，也那麼多規矩，畢嫂一說，爵士不得不陪笑道，我也是不願意，畢竟畢碧要我幫你們辦移民，可是慕容先生身分特殊，我也是在處裏的人，沒跟處裏交代清楚，這移民證辦不下來。

眾人又說了不少話，喝乾了桌上紅酒，才各自散會，其中畢碧姊姊與爵士上了一台白色跑車，而慕容前輩則帶著畢嫂與我上了原來的黑色禮車，回到飯店時，慕容前輩讓我下車，卻只是交代道，小衲，我還有些事情要辦，九天後再去老地方找你，這幾天你自由活動吧，放心，酒店的房錢我已經結清，足夠你睡到下個月的。

「等等！慕容前輩，你剛剛說……曾與一撣族女子生下一個孩子，這撣族女子，這撣族女子不會就是寧奴吧？這……還有那孩子……」

慕容前輩嘆了口氣，道，就知道你好奇，也罷，那封信你畢嫂不願我帶著去英國，就留給你吧——「是什麼信？」老衲皺眉問道，慕容前輩嘆了一聲，說，信我就放在房間裏保險櫃中，密碼是010157，你自個兒去打開來看，便知後續，慕容前輩說完，也不等老衲說話，搖搖手，那禮車便緩緩開走了。

老衲回到房中，打開保險櫃，取出一封陳年舊信，紙張風化得嚴重，泛黃近茶，彷彿稍許大力些便要碎裂，老衲小心打開信封，將信紙從中輕輕取出，那筆跡歪斜而生疏，才讀了幾行，便已知道寫信者是誰了。

「慕容，聽說你們漢族最愛寫信，不似我們寧奴喜歡唱歌，好吧，你喜歡寫信，我便寫信給你，這是我寫給你的第一封信，也是最後一封信。」

「慕容，記得當時我問你的事？寧奴的丈夫，不在此限，我忘了你是怎麼回答的？好像你搖搖手，說你不學了，要我帶你離開寧奴的河域，我這一下真的慌了，連忙說，開你玩笑的，也嚇得這樣？好好好，我便教你內寧奴，你看仔細了。」

「這內寧奴雖然是一整套拳，可是分為三個段落，第一段是賽巫（Seik Oo），第二段是環（Gin），第三段是萊嗒（Line Hta），各有各的巧妙，我知道你是想走的，可是看到內寧奴，你眼中的火又閃耀起來，我花了一個月教你賽巫，又花了一個月教你環，然後再花了一個月教你萊嗒，你說，這些到底在練些什麼？我實在是答不上來，這些便是寧奴祖先傳下來的動作，我哪裏知道？想來想去，只能告訴你說，這像是織布，如果一塊布上刺兩百針，與一塊布上刺兩千針，是完全不同的情況，你懂嗎？你笑著說不懂，你不知道，我正好希望你不懂，你不懂，才會常常想著我。」

「你問我，賽巫是什麼意思？璟是什麼意思？萊嗒又是什麼意思？我那時跟著族中長老在學緬文，夾纏著撣語緬語，跟你說了半天，你才終於知道我的意思，你說，這三個詞，在漢語中是『本心』、『陀螺』，還有『漣漪』的意思，你知道，其實我最喜歡的時間，是你在教我漢語的時間，因為只有在那個時間，我才覺得我們是真真實實的同一種人。」

「你學習的天賦很好，很快地，便把內寧奴的三段拳學完了，你問我，為什麼還是沒有『霜氤』，我說，因為你不知道霜氤的路線，你雖然有了內寧奴，但還是死的，只有知道路線，你才能真正用內寧奴把霜氤練到身上，你求我，你求我告訴你霜氤的路線，你說當年在北方，遇到一個姓尚的老頭也會霜氤，一抓你一個跟斗，不知道會了寧奴之後，再遇到尚老頭，兩人動動手會如何，我當時想，真有這麼重要嗎？你天天跟我動手，難道還不滿足？」

「我那天想了想，好吧，便告訴你霜氤行走的路線，還在你身上指了出來，沒法子，這霜氤走的是身體裏的路線，不是身體外的，非得要在你身上指出來按出來，或讓你摸著感受我的霜氤，才能讓你真正明白的，這一點，是寧奴最大的奧秘，也是寧奴代代相傳的寶藏，你有沒有想過，為什麼每一代的寧奴，都可以保持常勝不敗直到老去？靠得便是這個霜氤，當年我打贏了所有族內的高手，最後連上一代寧奴都輸給了我，後來我才知道，上一代寧奴不是輸給了我，是故意讓我，因為她想教我寧奴。」

「現在我也是，不是在動手上，而是在別的一些地方，我輸給了你，但，這是我故意讓你的，因為我想教你真正的寧奴，這樣，你才會一輩子忘不了我。」

「我那天下定決心，教了你霜氤的路線，讓你在我身上按了按，感受一下霜氤練成以後，每一寸肌膚底下都有東西在跑，這是靠內寧奴練成的，而內寧奴分為三段，第一段叫賽巫（Seik Oo），第二段叫璟（Gin），第三段叫萊嗒（Line Hta），怎麼知道，那一天，是你唯一一次沒有專心聽我講寧奴，就是那天……」

「你走了以後，我天天笑，一滴眼淚沒流，當然，除了我嘔吐的時候，慕容，你不知道有孩子在肚子裏的女人會吐得有多厲害，很快的，我便被族裏的長老發現了，教了外族內寧奴，又懷了外族的孩子，無論是哪一個行為，都能讓我被族裏判個『祭龍神』，可是我求族裏的長老，能不能等我將孩子生下來？族裏的長老說不行，寧奴一族等不到那時候，因為真的等到那時候，龍神會生氣的，到時候寧奴一族一個也不剩，通通被龍神給吃了。」

「我說：我不同意，我很生氣，我說我是贏得寧奴稱號的人，你們怎麼可以這樣對待寧奴，要殺一個清清白白的人？長老們說，妳哪裏清白？妳連犯兩條大罪，連寧奴之名都被剝奪了，哪還稱得上是一個清白的人？我說，我不清白，可是我肚子裏的孩子是清白的，你們誤殺清白的人，寧奴一族會永遠不得安寧。」

「我咬牙切齒地跟長老們罵著，那是我第一次對族裏的長老這個樣子，慕容，如果你看到我這個樣子，肯定會笑我的，笑我說，那個愛笑的寧奴去哪啦？我不知道，我只知道我是一個肚子裏有孩子的女人，是不是寧奴，已經對我沒有差別了。」

「說到寧奴的名字，我忽然想要告訴你，你欠我一場雪，你說北方的大雪很美，有一天要帶我去看，那時候我沒說話，想，一片白茫茫的有什麼好看？但是最近我後悔了，我不管，你欠我一場雪，有機會，你一定要帶我看雪，跟你說，我最近在學緬語，寧奴的發音，在緬語中聽起來像是『嫩雪』（Hnin Nu），很嫩很軟的雪，很有意思吧，一個從來沒有見過雪的民族，居然保留著『雪』這個字，或許，真的像你說的，四海為家，天下人本來是一家。」

「族裏的長老討論了很久，終於同意讓我將孩子生了下來，我沒取名，便被一個族裏一直生不出孩子的姊姊給抱走了，我求那姊姊，我寫封信，讓這孩子帶著，長大以後若是有緣分，他學了漢語，便看得懂我寫的漢字了，若是他沒這緣份學漢語，那便罷了，慕容，我特別喜歡你教我的，這漢語裏頭的『罷了』，我跟你相處的時候，常常想到這個詞。」

「在我寫這封信的時候，我離祭龍神沒有幾天了，但我還是很快樂地學習著知識，我最近將緬語越說越好了，我喜歡緬語，因為緬語的文字很漂亮，我曾經寫給你看過，你記得嗎？你說像是漢人的符咒一樣，很美。」

「我最後把你最喜歡的內寧奴，三段，用緬文寫給你，你記得嗎？是賽巫，璟，還有萊嗒，你說那是本心、陀螺，還有漣漪，漢語的漣漪，我一直不明白是什麼意思，你說那便是水上的浪花，可是又與浪花有些不一樣，我在寫到這裏時，終於明白了，我只是漣漪，我只是你心中的漣漪。」

水	ရေ
九	၉
船屋	လှေပေါ်အိမ်
比賽	ပြိုင်ပွဲ
寧奴	နှင်းနု
霜茵	စွမ်းအင်
本心	စိတ်ဦး
陀螺	ဂျင်
漣漪	လှိုင်းခပ်
橋	တံတား
路	လမ်း
縫	အပေါက်

လှိုင်းခပ်

萊嗒 Line Hta，擬效水中漣漪，有泛起水花變化無端之意。

15

慕容前輩不在的那幾天，老衲一個人在香港各處晃蕩，印象最深刻的還是香港蛋塔，那蛋塔跟台灣的不一樣，塔皮是蛋塔師傅一摺一摺捏出來的，又鬆又軟，配上濃郁蛋香的內餡，簡直迷死人，香港這地界奇特，每一家餐廳的蛋塔都好吃，有時渡河去澳門，那澳門蛋塔也是一絕，比香港蛋塔味道淡些，卻更有多了一些說不出的絲綿異國香氣，很是有趣。

人家說三歲看大，七歲看老，想來的確有理，老衲自從吃過香港蛋塔之後，再也不喜歡吃別的蛋塔，後來大流行的葡式蛋塔，甜而無味，濃而不香，太多的討好，沒有香港蛋塔的那種孤傲卓絕，而台式蛋塔，那塔皮都是工廠製作，統一叫貨，千篇一律，吃起來再也沒有那種「人味」，很多事情，大至一座城市小到一料食材，都是這樣，沒有了人味，便是行屍走肉，尸位素餐，再多的裝飾美化與指標數字，也好似一個灰暗世界，再也不精彩而令人擊節讚嘆。

除了吃蛋塔以外，那幾天做最多的事，便是讀衛斯理先生的故事集，當時總是心想，這麼厲害的人到底為什麼願意說故事給大夥聽呢？很多年以後，終於懂了，就像哈比人巴金斯Bilbo Baggins，人，真的是一種很孤獨的生物，所以渴望彼此了解，所以渴望同氣相求，在這個寂寞的星球上，其實所有的人都是一種生命。

說到衛斯理，那幾年真的是衛先生在香港最紅的時光，又拍電影又寫劇本又寫小說，不過老衲以為，衛先生最好的幾個故事，還是在他受洗前後，即將放棄香港所有，而移民去美國舊金山時所寫出來的，其中有一個故事，說的是慕容前輩的老同鄉，在金沙江畔的一個金子來，姓張，無名，擅「碎雪刀法」，何謂碎雪？即是雪花飄在空中時，刀出如電閃，能將空中的雪花一劈而二，凌厲絕倫。

老衲後來每每看到這一段故事，都想到慕容前輩的寧奴，寧奴不是漢語，若是翻譯成漢語，也許可稱為「嫩雪」，那麼寧奴拳法，或許可被稱為是「嫩雪拳法」，慕容前輩與那姓張的無名刀手，都是川中蜀人，而各自的武功都帶一個「雪」字，可是終生未曾一碰，實在可惜。

等慕容前輩再出現時，香港已入冬序，雖然不若真正的北方那般冷，那畢竟空氣中已有一股涼意，地球上無論何處何地，都沒有真正所謂的四季如春。

慕容前輩再出現以後，老衲不敢問他有關寧奴的事，只與他討論拳功拳理，前輩說，他不能教老衲寧奴，如果想學這一路拳法，在香港找家詠春拳館學習便可，寧奴雖好，但許多套路編排與手法腿法，其實不如詠春來的科學合理，而各家詠春之中，慕容前輩最推崇的便是葉問老師這一系的詠春，他曾與葉師傅的傳人（亦或是再傳）換過藝，用一套自然門氣功換詠春拳法，他說，練拳，不要糾結於甚麼奇特傳承或是甚麼拳法發源地，那些都是假的，只有拳本身才是真的，詠春有很多流派，但慕容前輩認為葉問老師能夠得享大名，除了本身功夫精湛之外，還有他傳出來的詠春的確合理而科學，這是錯不了的。

不過老衲因為很多事情，因緣際會，最終還是一天沒學過詠春，想來這也是每個人的生命路子不同，每個人都有每個人的命，好比寧奴與詠春，聽起來都是一個女子之名，或許歷史上真有這兩個奇女子的，而若是二人當年相識，又不知那是一個甚麼樣的故事了。

老衲當年也曾問，到底這本心，陀螺，漣漪是甚麼意思？各自又長得甚麼樣子？慕容前輩只是笑笑，沒有示範，後來終於在一次酒後大醉，將三段拳各自打過了一次，不過那次老衲也喝得大醉，慕容前輩到底打了那些動作，只依稀記得，細節完全不清楚，哎，寧奴這東西對慕容前輩來說，好比秦紅棉的五羅輕煙掌，是絕對「不傳、不傳」的。

不過不說拳法本身，單說字義，這本心陀螺漣漪六字，老衲便想了很久很久，後來見到詠春門的黃英哲老師說，詠春三套拳，各自是圓心相同的三套同心圓，這句話一下點通老衲，啊！漣漪與浪花的不同，便是漣漪有圓心，漣漪是因圓心有物而動，而浪花只是浪花，所以寧奴是漣漪，不是浪花。

扯遠了，說到慕容前輩那次酒醉示範的本心陀螺漣漪，他說，當年他根本不知道寧奴送他走的時候已有身孕，也不知道寧奴一族有祭龍神的陋俗，否則他拚死也要把寧奴一起帶走，老衲當時也喝得大醉，指著前輩的鼻子罵，說，你不懂寧奴，寧奴就是因為這樣，才不跟你說她懷孕的，慕容前輩搖搖頭，沒有說話，沉默了一會兒，又道，當年寧奴在他離開時，曾經問過他一句，「你是喜歡寧奴，還是喜歡寧奴？」

慕容前輩說，他當時愣了一下，才道，兩個都喜歡，兩碼事，不相干的。寧奴笑了，說，我看你還是喜歡寧奴多一些。慕容前輩說，他當時想要辯解，卻怕多說多錯，索性一句話也不說。老衲罵道，前輩你不說，可是你的行為已經說了，而且大說特說再明顯不過，還有甚麼別的意思嗎？

哎，老衲當年真是年少無知，口無遮攔之至，後來年紀大了，想想，的確有許多男女之事，外人是不得想見的，兩個人出身背景學識習慣相差如此之遠，從一開始相識，便注定是悲劇收尾，與寧奴不寧奴，根本無關。

又扯遠了，回到主題，慕容前輩說完水路拳法，便再說山路拳法，他說陸路拳法是「騙」，水路拳法是「縫」，而山路拳法則是講究一個「震」字，慕容前輩交給老衲的這三字訣，老衲奉為真理很久，原來以為是對的，直到後來，老衲又遇上了朱四爺爺，才知道這「震」字不對，而應該是「顫」，而人體的「顫」字訣，下手功法要從三個部位去探求，謂之「三顫」。

不過，那個故事得從老衲的高中時代開始講起——那個故事，是一個比《城邦暴力團》

還要莫名其妙的魔幻寫實武俠故事。

那個故事……或許，就寫在下一本書吧！

水	ရေ
九	၉
船屋	လှေပေါ်အိမ်
比賽	ပြိုင်ပွဲ
寧奴	နှင်းနု
霜茵	စွမ်းအင်
本心	စိတ်ဦး
陀螺	ဂျင်
漣漪	လှိုင်းခပ်
橋	တံတား
路	လမ်း
縫	အပေါက်

ဂျင်

璟 Gin，多有迴旋轉翻纏繞動作，此詞即是鄉間孩童喜玩的打陀螺玩具。

後記——致謝

當初寧奴的故事老衲在網路上連載寫完，有幾位意境頗高的好朋友留言，很有感觸，俺實在捨不得買書看的讀者看不到這些好朋友們的點評，因此厚顏紀錄下來放在後頭；一份情感總要有人回應，就像一個好故事總要說了有人聽，才算完整。

「真希望這只是杜撰的小說，寧奴一個人面對祭龍神，想想就難過。」

「一陣神傷，一陣淒涼，兩千針拿來解說武術上的玄奧固然清明簡易；然而心中刺上兩千針的悲惻哀慟，思之不能自已。情愛還是不懂的好，今天還是喜歡望著坐在身旁，容顏漸衰的她，還是不懂自己怎會愛著她，她又怎會愛上我這樣一個無賴糊混的人，那感覺，真好！」

「她用生命賭上愛情，可她卻只是他生命裏的漣漪……淒美，但不平。」

「很多人會揣測慕容前輩如果知道寧奴會死，是不是會去救她？但我想這個故事是不會有『如果』的。在最好的時刻遇見，在失去之後思念，這才是初心與嫩雪啊……」

「謝謝衲兄，有緣看到這些故事，是一種幸福。同一片風景，美的是述說的人，衲兄筆下貫通這片穹蒼下的一段美麗時空，一直看來，情思情感豐沛如亙，引動人心，謝謝！」

真心感謝陪著老衲一起聽故事並留下這麼多精彩留言的大夥！

ရေ	水
၉	九
လှေ့ပေါ်အိမ်	船屋
ပြိုင်ပွဲ	比賽
နှင်းနု	寧奴
စွမ်းအင်	霜茵
စိတ်ဦး	本心
ဂျင်	陀螺
လှိုင်းခပ်	漣漪
တံတား	橋
လမ်း	路
အပေါက်	縫

စိတ်ဦး

賽巫 Seik Oo，意為最初的發心，慕容前輩譯作「本心」。

後記——寧奴的故事與奇拉拉

清代康熙年間的名士王漁洋是個妙人，雖然官至刑部尚書（大約是現代的司法部長兼最高法院大法官兼全國典獄總長）居廟堂之高位，卻與江湖落魄文人蒲松齡結為至交好友。他曾為蒲松齡的《聊齋誌異》寫了一首定場詩，有分教：「姑妄言之姑聽之，豆棚瓜架雨如絲；料應厭作人間語，愛聽秋墳鬼唱詩。」這首詩寫得甚好，好在甚麼地方呢？他說出了蒲氏的心聲：「我想蒲兄肯定是厭煩了這些人世間的紛紛擾擾，所以才特別喜歡聽那些鬼魅精怪化做的不可知靈魂的故事吧！」

老衲寫完寧奴的故事，忽然心頭上湧起這幾句詩，投筆長嘆，不知道俺是不是也厭煩了現代資本主義領導的社會下職場裏的勾心鬥角精打細算，所以才開始寫這一連串古早荒蠻的快意恩仇故事。

寧奴的這個故事是老衲當年聽慕容前輩說來的，當然在動筆時考慮很多現實歷史因素，故此特意在時間線與人物姓名等等細節做了一些更動，以期故事講得更加生動有趣，也避免許多政治性敏感問題。很多人問過老衲，這個故事到底是真的假的？老衲只能說：半真半假，只是哪一半是真哪一半是假，俺可不能告訴你。

不過值得一提的是，老衲的徒弟奇拉拉那時聽老衲說完這個故事以後，說道：「師父，我想把寧奴拳法的拳訣刺在身上。」老衲一聽便知道拉拉的心意，因為拉拉原來主修的是「詠春拳」，而寧奴拳法與詠春拳同為水路拳法，他想將寧奴拳法中的賽巫、璟、萊嗒、霜氤……等的緬文原文當作圖騰刺在身上，以紀念寧奴的這一段故事，也表示他對拳法的某些體悟與感受。

老衲當時便說，刺青是大事，你自己思量清楚便好；不過若你真刺了，將來這故事出版時，俺必定找一個攝影師好好將你的刺青拍下來做個記錄，一併呈現給讀者，以成佳話。

對了，說到俺的徒弟奇拉拉，老衲以為他也是一位劃時代的人物，很有必要特別介紹一下。

拉拉的本名叫做陳志晃，肖狗的天蠍座，小時候因為父親的教導，有很好的跆拳道功底，但沒有持續練習便在初中時期中斷；長大之後拉拉做過許多行業，搞樂團、做甜點，甚至是到殺豬場搬運豬肉等等，可說是渾渾噩噩地過了他剛出社會的十幾年青春。

有一天，他的人生卻因為一部《葉問》的電影徹底改變。

話說那天還沒有學過詠春拳的奇拉拉，進電影院看了那部電影《葉問》以後，忽然對電影中主角葉問所使用的「詠春拳」大大感興趣，一開始，拉拉只能上水管（Youtube）自學詠春，然後便在他當時打工的7-11門口，與同事練了起來。

或許是小時候練跆拳道的直覺，拉拉那時就知道光靠水管自學那是不夠的，於是他隔海找到了香港的詠春師傅楊永勳老師（即香港電視節目《功夫傳奇》中的主持人Jerry Yang），以網路隔空錄影的方式向楊老師求教，正式開始學習詠春拳。

本來故事也只是到這裏而已，不過就是一個熱血青年學習詠春的故事；可是拉拉並不是普通人，他與楊老師沒學幾天，便忽發奇想，說與其這麼學習下去，我不如上擂台去打一打，驗證一下詠春拳法的實戰性，看看是否像電影中描述的那麼實用？

說幹就幹，拉拉那時立刻報名了當時台灣成吉思汗健身房館長（對！就是你知道的那個外號飆捍的陳之漢館長）所舉辦的第一屆成吉思汗盃格鬥賽，最後以四勝一敗的佳績取得該量級季軍。

事後連向來只練搏擊與重訓，不認為傳武有實戰性的成吉思汗館長也改口，稱拉拉是「豬肉王子」，並稱拉拉能夠將傳統武術發揮到這種程度，非常不容易。

從那時候開始，拉拉便積極參與台灣各大搏擊賽事，舉凡格鬥散打、踢拳泰拳的賽事他都去參加，甚至連柔術比賽他也偶爾插花參加，目的無他，不在勝負，而在驗證傳武技藝。

在這樣大量的比賽經驗迅速累積下，拉拉成長得很快，可是也很快發現了自己的盲點。

拉拉說那時候他的打法，雖然詠春拳基本的攤膀伏橋手技術已經可以在擂台上使用出來，但是對於另一個問題始終沒辦法解決，那就是在擂台上打的時候，對手並不會好好站著與你過手，而是四處跑來跑去——怎麼用真正傳武的技術處理這種高速移動的狀況呢？這是當時拉拉卡關的問題。

關於這個問題當然拉拉也請教過在香港的楊老師，但是老實說，拳學是很細膩的技藝，楊老師畢竟遠在香港，無法親身帶練；因此拉拉決定，在台灣找一位可以在身邊直接指導他的詠春師傅。

經過很多人的推薦，拉拉最後決定拜師黃英哲老師做為他的第二位指導者，當然，也是因為英哲老師完美地解決了他原來存在心中的疑問，並且有一整套的理論去解釋該怎麼訓練與應付這樣的狀況。

在英哲老師的指導下，拉拉又有了第二次的飛躍性成長，接連取得許多比賽的優秀成績，老衲就不贅述；值得一記的是，拉拉在參加某次香港的搏擊賽事邀請中，終於當面見到了他的第一位師父 Jerry 楊老師，在賽場邊上，拉拉立刻用半跪姿給楊老師獻酒，完成象徵性的拜師儀式，這個武行裏不多見的不忘本動作，很是感人。

老衲在二〇二〇年重出江湖，決定開始在台灣傳授中國回族中所流傳的心意六合拳，那時拉拉已經是成名的搏擊選手，背負著「詠春戰鬼」的名號，拳藝雖已小成，他對傳統武術的熱愛卻只有比當年更大；他找到老衲，說想要學老衲的心意六合拳，想要印證與更全面地了解傳統武術的內涵。

老實說，要收拉拉為徒這個決定對老衲來說並不容易。

舊時傳統武林中江湖上的眉眉角角老衲不是不知道，俺生性懶散又怕事怕煩，收下拉拉以後不知道多少閒言閒語要來，但老衲一想到拉拉曾說他當年拜訪過很多詠春師傅，卻沒有人願意收他的往事，索性心一狠牙一咬，與拉拉說：「好吧，你想學心意六合，那就便來學，不過俺送你八個字，好好記著。」

「謝謝衲師父，但，是哪八個字？」

「歡迎你來，也歡迎你走。」老衲進一步解釋道：「傳統武術有許多老師傳囿於傳統的門規，對收徒頗有斟酌與謹慎，現在看來，這些規矩有許多恐怕是不合時宜的了；俺不願祖宗傳的絕藝斷在老衲這一代的手上，廣開山門，有教無類，你當老衲是運動教練就可以，不需要背負太多的門派或者是拳派的名聲，你是詠春戰鬼，還是可以繼續當詠春戰鬼，為詠春門博名聲打天下，俺對這些門派名聲向來視若浮雲，一樣盡心教你。」

拉拉說好，不過他從老衲學藝之後，默默地將「老衲的心意六合拳」的象徵圖樣，放在跟隨他征戰四方的戰旗上，與香港 Jerry 楊老師的「純詠春」道館、還有台灣黃英哲老師的「鷹捷詠春」並列，以示不忘拳藝本源的意思。

後來老衲跟拉拉聊到這個寧奴的故事，拉拉驚嘆道，衲師父說的東西居然與英哲師父有許多異曲同工的地方，拳雖分南北，裏頭的武藝內涵卻是完全相通，不分南北的。他更從中悟出了體如泥鰍的古怪身法，老衲聽完以後笑說：「寧奴是水拳，不過心意六合是魚拳，那種魚被釣起在空中啪搭啪搭一閃一閃的中節勁，正是心意六合的最佳寫照……好好去悟吧！」

老衲一直認為拉拉是這個時代裏將搏擊與傳武融合得很好的高手，而且他對傳武的理解不像許多人只停留在套路與外型姿勢，而是真的對傳武的內涵有深刻體驗與研究的；很希望在未來，拉拉可以帶給大眾更多精采的比賽，也希望在未來，拉拉可以帶動整個傳武圈的風氣改變，讓整個圈子變得更多元更精彩，也更加生氣勃勃。

是以特別在老衲的書裏專門寫一章介紹奇拉拉這個在現代修行古拳法的擂台小子，並將他刺青後的圖騰擺在書裏給大夥欣賞，多說一句，拉拉的刺青是他詠春門師叔，「人紋藝術」的柯景森老師刺的，也是十分特別的緣份。

對了，說到刺青，又想起一件往事，再說完這件事，這本書就真的要打住了。

當年老衲有一個極喜歡的女子，雖然互有情意，可是始終沒有緣份走在一起；多年以後再見到她，她的身上多了一個刺青。

俺當時傻傻問道：妳這刺青刺的是甚麼呢？她輕輕回道：「你曾推薦我看金庸小說，說這是天上地下第一好看小說，我不耐讀字，最後只撿了一本《碧血劍》來看……因為很喜歡那個何鐵手何姑娘，所以刺了一個『惕』字在身上。」

老衲乍聽之下，不覺有異，笑呵呵地敷衍說道喔喔嗯嗯原來如此；可是回到家中，夜半將睡之際，忽然想到當年老衲曾與她說：金庸小說主角裏最差的便是袁承志，不過就是會武功與圍棋嘛，那也沒甚麼，這兩門技藝俺的段數都比袁氏遠高云云，一想到此處，不覺滿頭大汗翻被而起，走去陽台舒了口氣。

……何鐵手與袁承志的關係……還有韋公小寶對婆婆姊姊的打趣之語……『原來竟是這樣嗎？』一陣苦笑一陣心酸，竟至夜不能寐，怔怔地望著月光癡了。

老衲想，金庸先生的小說居然寫到有書迷為了書中角色刺青，真是了不得的成就；老衲的小說如果有天有讀者刺青在身上，俺一定要將那刺青好好拍下來記錄下來，留存這一份感動，也紀念老衲心中很多年前初初看到那代表何鐵手的「惕」字的千言萬語說也說不清的惆悵。

李商隱有一句詩說：「直道相思了無益，未妨惆悵是清狂」，那感覺，有一點惆悵，有一點可惜，也有一點寂寞與隱隱然的驕傲，大約就是這樣了吧。

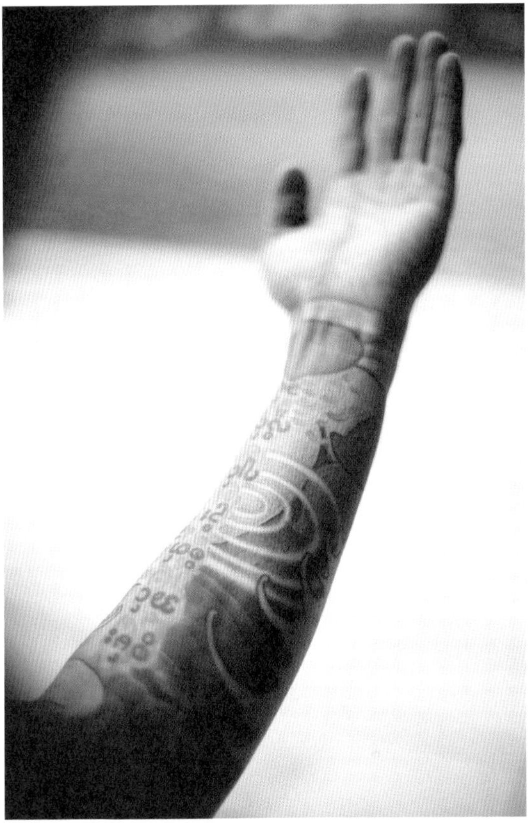

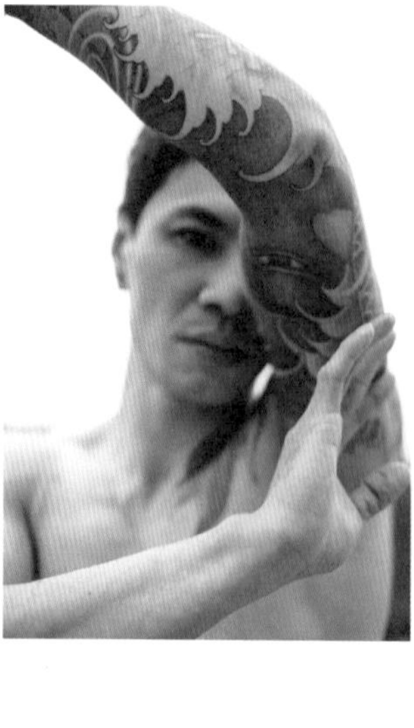

國家圖書館出版品預行編目

慕容前輩的水路拳法 / 老衲著. -- 臺北市：致出版, 2022.08
面； 公分. -- (老衲作品集 ; 2)
ISBN 978-986-5573-42-3(平裝)

1.CST: 拳術 2.CST: 武術

528.972 111009642

老衲作品集2

慕容前輩的水路拳法

作　　者／老衲
封面攝影／李懿宸
書頁設計／趙運玄
出版策劃／致出版
製作銷售／秀威資訊科技股份有限公司
114 台北市內湖區瑞光路76巷69號2樓
電話：+886-2-2796-3638
傳真：+886-2-2796-1377
網路訂購／秀威書店：https://store.showwe.tw
博客來網路書店：https://www.books.com.tw
三民網路書店：https://www.m.sanmin.com.tw
讀冊生活：https://www.taaze.tw

出版日期／2022年8月　　定價／450元

致 出 版　　向出版者致敬